通論考古學

濱田耕作
著

東京
雄山閣

口繪 發掘墳墓の內部

（著者寫眞）

朝鮮慶尙北道星州古墳

自序

世に考古の趣味を有し、其の研究に携はるもの漸く多きを加ふるも、考古學の目的と、其の研究法を説きて、之が科學的指針を示せる著作至つて尠し。是れ單り本邦に於いて然るのみならず、歐洲學界に在りても亦た其の憾を同ふす。妄に空義を論じて、實際を顧ざるは、固より吾人の取らざる所なりと雖も、斯學の本質を明にすることなく、其の研究法を盡さずして、資料を取扱ひ、論議を進むるの結果、折角の努力も其の價値を減じ、學術的使命を完うせざるもの多きに終るは、深く惜しむ可しとなす。今自ら揣らず此の小篇を公にする、這般の缺陷を補ひて、初學入門の指導たらしむる意のみ。而かも說く所は、其の綱要に過ぎず、精義に至りては、實地實物に據り詳密を極むるに非ずんば、能くする所に非ざるなり。

本書の大綱は、著者が前年京都帝國大學夏期講演會に於いて、其の一部を講述し、更に之を補正して雜誌「史林」に、「考古學研究の栞」と題して連載せる所に係る。今成書として單行するに方りて、之に幾多の增訂を加へ、或は全く稿を新にせる處あり。

著者が參考せる主要なる諸書は、之を一括して卷末に揭げ、また隨處に之を示摘したるも、第三編發掘調査の條は、倫敦大學教授ペトリー博士の「考古學の研究法と其目的」に據れるもの最も多し。余輩は英京留學中、其の研究に於いて、また私交に於いて、先生及び同夫人の厚誼に負ふ所深甚なるを思ふ毎に、先生の著書を參考すること多きを、玆に明言するの欣禁ずる能はざるのみならず、特に本書刊行に際して、先生が其の寫眞圖畫の自由なる轉載を快諾せられたるの厚意に向つて、謹で感謝の意を表す。　また著者は英國セイス、ボイド・ドウキンス、リッヂウェー諸教授に、斯學の研究上負ふ所多きと、故理學博士坪井正五郎先生に、著者の中學生たりし時以來指導を受けたるもの鮮からざるを銘記すると共に、著者をして考古の癖を矯むること無く、之を奬勵するに吝ならざりし先人と、先輩友人の渝らざる同情とに想到して、感謝の念轉た切なるを覺ゆ。

大正十一年一月

京都に於いて

著者識す

通論考古學目次

第一編　序　論

第二編　資料

第三編　調査

第四編　研究

第五編　後論

附録

挿圖目次

本文參照頁

小圖目次

通論考古學

第一編　序論

第一章　考古學とは何ぞや

一、考古學の起原　考古學的研究は其の起原頗る古きものあり。支那に於いては南宋以後、殊に金石古器の蒐集考證盛に起り、清朝に至りて特に其の著しきもののあるを見る。我邦に於いても、徳川時代に至りて、或は清朝考證の學風を受け、或は國學の復興、勤王の思想の勃興と共に、山陵の踏査古墳古器の研究漸く起りぬ。西洋に於いては、希臘時代の末より古物研究の風現はれ、羅馬時代に及びしが、文藝復興期に至りて、古典の討究と共に、古物の發見は、考古學的趣味を喚起せしめたるもの多かりしが、此等は皆な今日より見れば一種の考古學的研究に過ぎず。其の眞に近代の意義に於ける考古學の研究は、第十八世紀の中葉、獨逸の學者ウィンケルマン(Johann Johachim Winckelmann, 1717—1768)に始まれりと謂ふを得可し。

瑞西の學者デォンナ氏は考古學的研究の發生に就いて曰く、「人性の根帶に存する好奇心は、卽ち知識慾を生ずる所以にして、あらゆる學術的研究の人類社會に發生する根源玆に存す。人類は早く前方に向ふと共に、背後を顧みるを禁ずる能はず。古代未開の時代に在りても、現在及將來須要の事物に好奇心を向くると共に、過去及實用的ならざる事物の探索を試むるを厭はざりき。玆に於いて歷史考古の學の發生を見るのみならず、過去を追念するの情と、宗教上古代の傳說儀禮を保存するの必要は、古代に於いても過去の事物の攻究を蔑にすること能はざらしめたり。斯くて星占醫藥等の學と共に、考古學の萌芽は早く古代に於いて發生せるなり」云々。(Deonna, L' Archéologie, sa valeur et ses methodes. Tom. I. pp. 41, 47)

二、**考古學の語義**　さて吾人の用ふる「考古學」なる語は、英語の「アーケオロヂー」(Archaeology)の翻譯なるが、此の語は、佛伊獨等の語に於いても、少しく綴字を異にするのみにして廣く用ゐられ、元と希臘語の「アルヒャイオロヂヤ」(ἀρχαιολογία)より出で、是は「古物」等の義を有する「アルヒャイア」(ἀρχαῖα)と「學問」等の意ある「ロゴス」(λόγος)の二語より成れるものなり。されば其の語源上より言はゞ、凡て古代の事物を研究する學問の謂なれば、獨逸語に之を直譯して「アルテルツームスクンデ」(Altertumskunde)と謂へり。希臘羅馬の學者は此の「アルヒャイオロヂャ」の語を「古代の歴史」の義に用ゐしもの多く、此の廣義の使用法は、第十七世紀に至るまで、英國の學者等にも行はれしが、今日吾人の使用する意義に近き使用法は、蓋し獨逸のハイネ(Christian Gottlob Heyne)が、千七百六十七年其の著「古代特に希臘羅馬美術考古學」(Archäologie der Kunst insbesondere der Griechen und Römer)に冠したるなどを以て始めとす可きか。されど是は單に「アルケオロヂー」なる語の使用に就いてのみ云へるにて、其の眞に考古學的研究法を一新したるは、已に述べたるが如くウィインケルマンの功に歸せざる可からず。

西洋に於ける「アルケオロヂー」なる語の使用の變遷等に就きては、其の詳細は今述ぶるの暇なし。ブルレ氏の著書(Bulle, Handbuch der Archäologie. I.)等を參照す可し。

支那に於いては「金石學」なるものありて、主として銅器碑石等金石の材料等に施されたる文字の研究を目的とし、經史の研究の參考とせられたり。我國に於いては「アーケオロチー」を譯して、初めは「古物學」となし、却て其の原義に近かりしが、後ち「考古學」の語主ら行はるゝに至れり。我邦に於ける考古學的研究の歴史に就きては、三宅米吉博士「日本考古學發達の概略」(考古學雜誌七ノ十二)、高橋健自君「上古遺物研究の沿革」(同上)等に略述せられたるを見る可し。

三、ウィンケルマン　近世考古學の開祖ウィンケルマンは千七百六十三年其の不朽の著「古代美術史」(Geschichte der Kunst des Alterums)を著はせしが、此書は其の名にこそ「考古學」を冠せざれ、其の論ずる所は希臘羅馬の彫刻にして、其の材料とする所は、今日より見れば不充分の譏を免れざれど、彼は始めて記錄文獻の上より美術の作品を研究するの態度を脱して、直接に遺物を觀察研究し、彫刻の樣式發達の跡を明にせんとしたるは、實に考古學的研究の眞面目を發揮せるものにして、歐洲の學者が彼を以て一般に近世考古學の祖と稱する、決して謂なきに非ず。

ウィンケルマンは一七一七年獨逸ブランデンブルグのステンダール（Stendal）に於て、貧しき靴匠の子として生れぬ。ドレスデン博物館の美術品に接して、始て古代美術の研究に志し、後羅馬に赴き深く研鑽を重ね、遂に「古代美術史」の大著其他を出せり。一七六八年維納よりの歸途トリエステに於いて盜の爲に殺さる。其の詳傳はユスティの著 Jüsti. Winkelmann und seine Zeitgenossen. (Leipzig, 1866) にあり。又た邦文にては深田康算博士、「ウィンケルマンに就いて」（史的研究）等あり。

歐洲に於ける考古學はウィンケルマンに於いて見る如く、其の始めより希臘羅馬の古物（Classical antiquities）の研究に主なりければ、「アーケオロヂー」なる語は、最近に至るまで――否今日に至るまで――希臘羅馬の考古學、若しくは其の美術考古學（Kunstarchäologie）の義に通用せられたりき。されど吾人の今ま取扱はんとする考古學は、單に西洋古代の美術品を其の研究の對象とするものには非ず。廣く有史以前より歴史時代に及び、東西兩洋の古物の研究をも包容せんとするものにして、斯の如き意義に於ける考古學的研究は、第十九世紀の中葉に起れる北歐の學者の努力に負ふ所多しと謂はざる可からず。

四、北歐學者の研究　丁抹の學者は此點に於いて先鞭を著けたりき。　卽ちトムゼン(Christian Jurgensen Thomsen, 1788—1865)ウォルソー(Hans Jacob Asmussen Worsaae, 1821—1885)等出でゝ、始めて人類文化の發達を、利器の主用材料に據る石、青銅、鐵の三時期に分類し、英佛の學者亦た之を採用して、益〻研究の歩武を進め、有史以前の考古學を建立するに至りしが、其の研究は人類學、動物學、地質學等の自然史研究者と提携し、希臘羅馬考古學とは稍〻別殊の方向に進みたりき。而かも其の初め此の研究は希臘羅馬考古學とは殆ど相關するもの無きが如く考へられたりしに、シュリーマン(Heinrich Schliemann, 1822―1890)出でゝ、希臘の先史時代の研究を起して以來、クラシック文化の淵源を遡りて、遂に其の青銅、石時代の文化に突出するに至り、茲にクラシック考古學と自然史的(人類學的)先史考古學との接觸點を發見することゝなれり。更にまた先史時代の文化が、東西兩洋新舊大陸に亘りて、其の狀態の類似せるものあるは、考古學の研究をして、世界的研究を要求するに至らしめたり。斯の如くにして、今や「考古學《アーケオロヂー》」は、單に希臘羅馬の世界、乃至歐洲のそれに限局することなく、頗る廣汎なる世界的範圍に活動す可きものなるを明にするに至れり。

丁抹學者等の先史考古學的研究に關しては、Lord Averbury, Prehistoric Times 等に其の要領を記せるものあり。シュリーマンの發掘に就きては、彼自身の著書の外、Schuchhardt, Schliemann's Ausgrabungen(英譯 Schliemann's Excavations. Translated by Miss Sellers)を見る可く、また此等兩者に亙りてはミハエリスの著書(Michaelis, Die archäologischen Entdeckungen in den 19ten Jahrhundert (英譯 A Century of Archaeological Discoveries)等を參照す可し。

五、**考古學の定義**　然らば今日吾人は考古學を如何に定義す可きか。彼の英吉利の學者ニュートン(Sir Charles Thomas Newton, 1811—1894)が其の論文「考古學の研究に就いて」(On the Study of Archaeology.

1850)に、考古學的資料を分ちて

(1)口述的(oral)　即風俗習慣口碑等

(2)記載的(written)　即文書文献

(3)記念物的(monumental)　即遺物遺跡

の三者となし、此等に據りて人類の一切の過去を研究するの學(The science of all human past)なりとせり。　然れども是は考古學の範圍を「アルケオロヂー」なる言葉の原義の如く、最も廣く解釋せんとするものにして、分化發達せる他學の範圍を侵さんとするものあるを以て、吾人は以上三種の資料中、(3)の遺物遺跡を資料とするもののみを以て考古學に屬するものとなさんと欲す。　斯くて吾人は斯學を定義して、

「考古學は過去人類の物質的遺物(に據り人類の過去)を研究するの學なり」(Archaeology is the science of the treatment of the material remains of the human past)

と言はんと欲す。然らば則ち人類の物質的遺物とは何ぞや、是れ過去人類の殘せる一切の空間的延長を有する物件を指すものにして、史學の主として取扱ふ所の文献的資料と對するものなり。即ち自然科學と對立す可き文化科學(Kulturwissenschaft)の研究方法中、文献學的方法(die philologische Methode)と共に、他の一半をなす可きもの、即ち此の考古學的方法(die archäologische Methode)に外ならざるなり。以下順次此の定義の意義を明確にし、資料の性質を叙述し、遂に其の研究方法に論及せんと欲す。

考古學《アーケオロヂー》の定義をニュートンの如く廣義に解するものを所謂「大考古學」(The greater archaeology)と云ひ、吾人の定義の如く狹義に解するものを、或は稱して「小考古學」(The lesser archaeology)と云ふ。而も獨逸語の「アルテルツームスクンデ」(Altertnmskunde)なる語は、今ま主として文献學的研究をも包括する「大考古學」の義に使用せらる。此等に關してはホガース氏の著書(Hogarth, Authority and Archaeology)に簡明に叙述せるものあるを參照す可し。

考古學に關する古來諸家の定義必ずしも一ならず。今ま一々之を列擧するの煩を避くと雖も、ホガース氏(前出書)中の定義は吾人のそれと略同一なり。またブーレ氏(前出書)亦これに似たるものあるを見る。曰く “Archäologie ist eine wissenschaftliche Methode, anwendbar auf eine bestimmte Gattung menschlicher Betätigungen und Leistungen, nämlich auf alles von Menschenhand Geformte.... ” と。コンツェ(Conze)は其の目的物を解して、“Alle in räumliche Form hineingeschaffenen Menschengedancken ” と云へるは、ブルレ氏と共に希臘羅馬考古學・若くは其の美術考古學に跼蹐するを以てなり。

ケップ氏が " Archäologie ist die Beschäftigung mit Kunstdenkmälern des Altertums" とせる亦た然り。

第二章　考古學の範圍及び目的

六、「人類過去」の範圍　吾人は考古學の定義中、「過去人類」の遺物若しくは「人類の過去」を研究すと云へるが、扨て其の過去なるもの丶範圍は如何。佛蘭西の考古學者、ド・モルガン氏(De Morgan)は其の「考古學研究の目的及方法」中に、「考古學者研究の分野は、人類の出現以後、現代に至る人文の過程全部を包括す」(Les Recherches archéologique, leur but et leurs procédés. p. 3)と云へり。是れ過去人類の物質的遺物によりて、其の過去を研究する學なりと定義せる上より見て、敢て差支なきに似たりと雖、從來學問分化の結果、自ら考古學の研究範圍の限定せらるゝものあり。即ち人類の出現後、其骨格のみを地層上に止めて、製作の遺物殆ど見る能はざる時代は、人類學者、地質學者の研究するを却て便宜とす可く、また後世文書記錄等の文獻的資料豐富にして、是のみを以ても略ぼ其の時代を研究するに充分なる時代は、主として歷史家の手に研究を委するを常とす。斯くて考古學者の專ら活動す可き舞臺は、人類の物質的遺物ありて、文獻全く備らざる時代より、よし之を存するも未だ豐富ならず、特に同時代《コムテムポラリ》の文書缺乏せる時代にありと云ふを妨げず。而かも斯の如き時代は、各國各民族によりて一定せず。又た確然たる年代を以て之を劃すること難く、且つ其の必要も無し。所詮は各國に於いて所謂「古代史」に屬する部分、及び其の以前の部分は、考古學の最も力を盡す可き領域にして、文献的資料の缺乏するに從ひ、益〻考學的研究法を應用す可き必要を增加するものと言ふ可し。

我國に於いては推古朝より奈良時代に至りて、始めて文書記錄の存するものありと雖も、未だ豐富なりと云ふ可からず。其の以前は僅に紀記に傳はれる傳說的歷史と支那の史乘に散見せる記事の徵す可きものあるのみ。平安朝以後に至りて、漸く同時代の文書記錄の多く存するものあり、歷史家の手によりて、我國民の過去を推究するに不便鮮なきに近し。而かも文化藝術等の方面に至りては、更に後代に至るも文献的資料缺乏す。されど先づ大體に於いて奈良朝以前は考古學の大に活動す可き時代と云ふも不可なからむ。支那に於いては、古く先秦より文献の存するもの多しと雖も、文化史的方面はなほ後代に至るも、考古學研究に俟つ可きもの大にして、唐朝及其以前は古代史に屬するものと見る可きか。

七、考古學の時代的區分　考古學は物質的遺物による古代研究の方法として、之を適用す可き分野頗る廣汎にして、世界の各地方、過去の長き時代に亙るものなれば、其の研究の便宜上、從來の慣習により、或は之を時代により、或は之を國家民族により、或は之を地理的に、また此等各樣の條件を綜合して、多くの區分をなすこと、歷史に於いて見る所と同じ。先づ時代により之を分つものは、(一)先史考古學(Prehistoric Archaeology)及び歷史考古學(Historic Archaeology)あり。前者は文献的資料全く存在せざる時代の考古學研究を云ひ、例へば石器時代青銅器時代の文化の研究は主として、此の中に入る。後者は文献傳はれる時代に於ける物質的遺物に據る研究にして、而かも未だ豐富ならざる時代は特に之を原史考古學(Proto historic Archaeology) と言ふことあり。 されど先史考古學以外の名稱は普通用ゐらること尠し。

先史考古學 (Prehistoric Archaeology) は、或は Prehistorie と獨逸語にて稱することあり。(英語にても Prehistory と云ふ場合無きに非ず)。 また獨逸語の Urgeschichte (語義原史)は、實際上「先史考古學」と同義に用ゐらる。世に石器時代直に先史と考ふるものあれど、其の概念は必しも同じからず。殊に青銅時代に至りては先史に入る可きものあると同時に、歴史以後にも有り得可し。例へば支那の如き是れなり。斯の如き利器の主材料に本く時代の名稱は、全く史前史後の區別と別種の概念なることを忘る可からず。

八、 **地理的或は民族的區分** には日本考古學、支那考古學、印度考古學、亞米利加考古學等、それ〴〵其の地方に於ける考古學的研究を言ふものにして、此他埃及考古學、西亞考古學、アッシリヤ考古學、希臘考古學、羅馬考古學等は古くより成立せる區分にして、地方的及民族的、若しくは特殊の文化の行はれし範圍によりて、自ら其の領域を限定せらる。此種の區分名稱は將來研究の進步と共に、益〻多く發生す可きは言ふを俟たず。又た基督敎考古學(Christian Archaeology)の如きは、文化の性質と時代とを加味せる區分にして、主として初期基督敎の遺物を研究す。

Egyptology なる語は今ま埃及考古學の義に用ゐらるゝも、元來は古埃及の文字及び其他の文化全體の研究を意義す。同樣に Assyriology はアッシリヤ、バビロニヤ、スメル等楔狀文字《キユネフオーム》を用ゐたる民族の文化全般に關する研究なり。Mesopotamian Archaeology は之と略ぼ同樣の範圍を包括する考古學の謂なり。希臘及羅馬の考古學は、之を併せて「古典考古學」(Classical Archaeology)と稱し、歐洲にては今なほ單に考古學《アーケオロヂー》と云へば之を指す場合少なからず。基督敎考古學の成立と同じく、其の特殊の遺跡遺物に富める「佛敎考古學」(Buddhistic Archaeology)の成立を認む可く、吾人は此の名稱の使用を慫慂せんと欲す。

九、資料の種類に本く區分には古來古泉學(Numismatics, Numismatology)最も行はれ、希臘羅馬考古學中重要なる一分科をなす。支那に於いても古くより此の研究重んぜられしは人の知る所なり。又た美術史の如きも美術的遺物の研究に於いて、考古學的方法を用ゐる部分大なるものあり、從て建築史、彫刻史、繪畫史等の區分は、或る場合に於いては考古學に於ける資料的區分と見るを得可し。たゞ紋章學(Heraldry)有識學の如きは、其の取扱ふ所の資料は、遺物遺跡を主とせず、文献口供等によるもの多きを以て、嚴密なる意義に於ける考古學の分科と言ふことを得ざるが如し。

獨逸語にて Kunstarehäologie 即ち「美術考古學」なるものあり。古代美術史の研究上、其の資料の考古學的研究を指す。フールトウェングラー(Furtwängler)の如きは「古代美術史」(Antike Kunstgeschichte)即「アルケオロギー」なりと云へるも、單に遺物其者の研究以外に、文献的研究を必要とし、更に別種の意義ある「美術史」は直に「美術考古學」或は「考古學」と同一視す可からず。「アルケオロヂー」の名稱は今後益々嚴密なる使用法を要す。

一〇、**考古學の目的**　吾人は考古學の定義に於いて、人類の過去を研究すと云へるが、さて過去の如何なる方面を研究するかに就きては之を限定せざりき。是れ其の限定するの必要を見ざりしを以てなり。考古學は一の纏まりたる内容を有する科學と稱するよりは、寧ろ物質的資料を取扱ふ科學的研究方法と云ふを當れりとするを以て、此の方法によつて其の研究する所は如何なる方面にても可なり。美術史家は以て美術の樣式、製作の法式等を研究す可く、宗教史家は以て宗教的觀念、儀禮の變遷等を研究す可く、社會學者、文明史家其他百般の專門學者各〻此の方法に據りて其の資料に適用す可きなり。漠然と「人類の過去を研究」すと定義せる所以茲に存す。

考古學的研究方法を從來美術史家文明史家等之を用ゐるもの多かりしかば、從て考古學研究の目的は、古代の文化技能、乃至は風俗を特に研究するを目的とするものなりと思惟せられしは一理なきに非ず。ブーレ氏は其の著書(前出)に於いて、考古學の目的を擧げて、形式研究(Formenforschung)美術研究(Kunstforschung)物件研究(Sachforschung)精神研究(Ideenforschung)を目的とすと云へるが如き、美術史的研究以外の目的をも包括するも、なほそれを主要視する傾向を示せり。此等の研究中「形式研究」は考古學的研究の一目的として、不可分のものなれど、其他に至りては、美術研究其他特定の研究に對する目的を示すものと云はざる可からず。(八二節參照)

第三章　考古學と他學科との關係

二、各學科との關係　凡そ人文に關する科學にして、他の人文科學と何等かの關係を有せざるもの無く、此等關係諸學科の造詣に俟つこと無くして、研究を遂行し得べきもの有る可からず。殊に考古學の如きは物質的資料を取扱ふ性質上、單に他の人文諸學にのみならず、自然化學等の方面にも亙りて密接なる關係を有するを以て、此等關係諸學の知識を要すること、最も大なるを見る。固より一人にして各種の學科に深き造詣あること難きを以て、其の特殊の研究は各專門家に委托するの外なしと雖、或る程度迄の知識と之に對する興味とを挾有することを要す。今次に斯學と關係深き三四の科學に就きて述ぶる所あらむ。

埃及考古學の泰斗ペトリー教授(Flinders Petrie)は「現時の如く自然科學と人文科學との背離太しく、其の一に通ずるものは他を顧みず、偏狹なる教育の行はるゝ際に在りては、考古學の如く兩者に關係深き學問の研究は、眞個に自由的教育(liberal education)を與ふるものなり」と言はれたり。聊か我田引水的の嫌あるも、亦た以て考古學が人文と自然兩科學間に亙りて深き關係あるを知るを得可きか。(Petrie, Methods and Aims in Archaeology. Preface)またド・モルガン氏は考古學者は各種の學術に通ぜざる可からず、一の百科學者(encyclopediste)の如くなる可きを要求し、考古學的旅行が他の動植物地理學者のそれの如く單純ならず、同じく「エンチクロペヂック」なるを要することを說けり。(De Morgarn, Les Rechershes archéologiques. pp. 11, 83—84)

三、化學　考古學と化學(Cemistry)とは一見關係深からざるか如く思ふ人あらんも、其の實は決して然らず。金屬器陶器の成分、其他あらゆる物質的資料の本質は、單に顯微鏡を以て檢し、重量比重を明にする等の、物理學的方法以外に、化學の知識方法により、研究するに非ずんば、到底之を明確にすることを得ざる可し。而かも此等は遺物の眞僞、時代の相違、製作方法の變遷等を知る可き基礎的知識を與ふるものなり。固より化學的方法によりて闡明するを得る以外に、或は其の以上に、他の方法によりて考察を進む可きは論を俟たずと雖、斯の如き科學研究の結果に背反するの研究は、決して存立し得可きに非ず。從來考古學者が此の基礎的研究を等閑に附したる觀あるは、我國學界に於いて特に其の感深しとなす。吾人は近重博士等と共に「化學的考古學」(Chemical Archaeology)とも稱す可き研究の益〻盛ならむことを希望して已まざるなり。

近く京都帝國大學の近重理學博士は、支那古鏡の成分を分析研究して、所謂漢鏡は百分中銅六五、錫二五を含み、靑銅として硬度最も大にして、製作の精緻を期し得可きものあるが、唐以後の鏡に於いては漸次錫を減少して、たゞ製作の便宜に適當なる成分を選みたるが如し。又た武器等にありては、漢代に於いても錫を加ふること少なく、强度の大なるを求めたる等の事實を明にせられたり。（史林三ノ一、近重博士「東洋の古銅器に就いて」）又同博士の分析に從へば、和泉國東葛城村發見の銅鐸は銅六六、錫一四、鉛五を含み、筑前國安德村發見の銅鉾は銅七六、錫一四あるに反し、出所不明の一銅鉾は銅七〇、鉛一四にして、此の成分の上よりして、全く後世の僞造と推定するを得べきが如し。（考古學雜誌、七ノ三、拙稿「一二の銅鐸及銅鉾の成分に就いて」）凡そ此等の事實は、靑銅器の時代及眞贋鑑定の基礎的知識を與ふるものにして、歐洲靑銅器時代の靑銅器は其の尤も古きものは、百分中錫僅に一〇以下を含むのみにして、時代の下るに從つて錫を增し强度を加へたり。（Montelius, Aeltesten Bronzeperioden &c. 等參照）此等東西靑銅器成分の比較は、また兩者時代の差違を語るものに他ならず。埃及史前の黑緣赤色土器（Black-topped pottery）は從來窯中の煙により其の口緣及內部等の黑くなれるものと考へられしが、是れ磁鐵鑛が不完全なる燃燒によつて、鐵の黑色酸化物を生じたるに由る。（Petrie, Arts and Crafts of Ancient Egyyt. pp. 130—131）我國發見の彌生式土器の赤色の表面上黑斑あるもの、亦全く之と同一結果に本くなる可し。此等は化學的研究を考古學に應用せる一二の例のみ。

三、地質學　地質學(Geology)は先史考古學に於いて特に其の關係切要なるを見る。人類初現の問題より、舊石器時代の研究に於いては、吾人の地質學者の知識を借り來るに非ずんば、何等の提言をなす能はざるべし。蓋し人類の遺跡は地殼の上に存し、其の遺物は地層中に埋沒するを常とするのみならず、殊に其の遺跡地の地質學的變化を生ずる場合に於ける、遺跡の研究に然りとなす。又岩石學上の知識が石製遺物の研究に基礎的知識を供し、古代に於ける交通貿易等の狀態を知るに資す可きものあるは言を俟たず。地質學の外、動物學植物學等の知識の必要なることも、亦詳述するを要せざる可く、殊に洞穴中に人類の遺物が他の動物の遺骸と共に發見せらるゝ場合の如き、動物學者の研究に俟つべきもの最も多しとなす。

一八四一年佛蘭西のブーシュー、ド、ペルト（Boucher de Perthes）ソンム河畔にて、始めて舊石器を發見するや、其の眞僞性質に就きて疑ふもの少なからず。英の地質學者プレストウィッチ（Sir G. Prestwich）等親しく其の發見地の地質學的調査を試み、其の疑問を氷解せしめたるが如き、其他舊石器時代の洞穴の研究等は、全く地質學者の研究に待たざる可からず。舊石器時代と新石器時代との區別は、主として其の伴出する哺乳動物が現時棲息するものと同一なりや否や等に論據を置くを以て、之に關しては動物學者古生物學者の研究を煩はさゞる可からざるや言を俟たず。其他第三紀に於ける人類の存否問題の如き亦然り。我國に於ける一二の實例を擧ぐれば、曾て信濃諏訪湖中より石器を發見したることあり。故坪井正五郎博士は之を以て湖上住居の遺跡ならんと云はれしが、之に反して神保博士は湖畔の地形の變動によりて古く陸上にありし遺跡が、遂に湖中に沈下せるものならんとせられたり。(東京人類學雜誌、第十四卷參照)吾人は斯る問題に關しては、全く地質學者の精確なる研究を以て、最後の斷案とするの外なきなり。また伊豆大島の西海岸野増村に於いて、溶岩流下に發見せられた遺跡は、三原山火山の構成せられたる後、小噴火の爲に流出せる溶岩によりて、石器時代の住居が埋沒せられたるものにして、此溶岩噴出の時代の先史時代にあるを明にす可し。(東京人類學雜誌一九四號、鳥居龍藏君論文參照)斯の如きは考古學が地質學と如何に密接なる關係を有するかを示す可き一例なり。

一四、人類學　人類學(Anthropology)は人類の自然史にして、人類の本質現狀由來等を論ずるの學なれば、其の考古學との關係は最も密接なるものありて存す。殊に人類の由來の研究は考古學的研究に俟つ可きもの多し。我國に於ける人類學の開祖とも云ふ可き故理學博士坪井正五郎氏は、特に此の方面の研究に力を用ゐられたるを以て、世間或は石器時代の研究等を目して、人類學の研究と呼ぶもの尠なからざるに至れるは故なきに非ず。されど考古學と人類學とは自から其の目的と範圍とを異にするものあるを忘る可からず。人類本質論は即ち體質人類學(Physical Anthropology)と云ふ可き部分にして、古代人類の骨格の研究は、其の人種民族等の考察の基礎的知識を與ふるものなり。而してこは全く人類學或は解剖學的人類學者の攻究に俟つの外なきなり。

古代人類の人類學的研究は近時特に其の盛なるものあり。舊石器時代の遺物と共に發見せらるゝ人類の一部は、人類學者の研究により現代人類(homo recens 卽 homo sapiens)とは、動物學上の種を異にするものにして、原始人類(homo primigenius)或は古代人類(homo antiqus) 等と稱せられ、骨格上著しき差違を示すものあるを見る。また同じく現代人類に屬する新石器時代の人類に在りても、現時の人種と多少の體質的差違を見る場合多し。例へば脛骨偏型(platycnemia)の彼等に普通なるが如き是れなり。凡そ考古學的遺跡遺物の如何なる人種民族によりて殘されたるかを論ずるに方りて、吾人の根本的基礎的知識は、人骨の研究によりて供給せらる可きものにして、我國東北關東地方の石器時代遺跡のアイヌ祖先の殘せりとするが如き、亦た貝塚發見人骨の人類學的研究に本く。(小金井良精博士「日本石器時代の住民に就いて」、東京人類學雜誌第六卷、同博士論文等參照)而かも近時關西地方に於いて石器及彌生式土器と伴出する人骨は、其の性質關東地方のアイヌ系のものと稍ゝ相同じからざるものあり。例へば河內國府のものは、或は之を以て「原日本人」のものならんとし、(京都帝國大學文科大學考古學研究報告第二册)或は汎アイヌ人種中の別部族なりとし、(人類學雜誌第三十三卷第九號松本彥七郎博士論文等）異說多きも、とにかく此等は主として人骨の人類學的研究によりて、根本的解決を期す可きものなり。（京都帝國大學研究報告、第六册、長谷部言人博士論文等參照）又た人類學の知識によりて、考古學上の事實を闡明せる一例は、筑後三池郡上楠田村石人山の古墳より、石人及三箇の石棺を發見す。其中小石棺中より採集せる齒牙の斷片は、長谷部博士の研究により、小兒若くは少年のものなることを確めたり。斯くて此の小石棺は所謂骨洗せる遺骨を收めたるに非ずして、小なる屍體を容れたるものと知る可し。（東京人類學雜誌廿九ノ一、長谷部博士論文參照）體質人類學に關する好教本は、マルチン氏の「人類學」（Martin, Lehrbuch der Anthropologie）等を擧ぐ可し。

人類の現狀論は卽ち人種學（Ethnology）及び土俗學（Ethnography）の攻究分野なり。現存野蠻未開の諸人種の土俗と比較して、古代人民の遺跡遺物の性質を明にする場合少なからず、之を考古學研究上の土俗學的方法（Ethnographical method）と云ふ。之に就きては、なほ後

章論ずる所ある可し。(七二節參照)

一五、史學　先史考古學の研究に於いて、地質學人類學の最も重要なる關係を有するが如く、史後の考古學に於いて密接なる關係を有するは云ふ迄も無く史學(History)若しくは文献學(獨逸語 Philologie)なり。抑も考古學は已に定義せるが如く、物質的遺物を以て人類の過去を研究する學なれば、廣義の史學の一分科と見る可く、亦狹義の史學は主として文献的資料を以て、同じく人類の過去を研究するを目的とするを以て、原義の考古學の一部面とも見る可し。されば此の兩者が相依り相助けて、其の兩方面の研究を綜合して、始めて人類過去の研究を完うするを得可きや論なし。殊に歷史考古學に於いて、遺物遺跡の絕對年代を明にし、其の製作者の人名種族名國名等を知るには、必ずや之を文献の證左に俟たざる可からず。其の關係の親密なる吸々するを要せざるなり。

考古學と史學との關係を說明するは、今更其の例多きに苦しむ可きも、今ま平凡なる一二の例を擧ぐれば、かの筑前志賀島發見の「漢委奴國王」の金印は、其の制式により漢代のものなるを推測するを得可きも、後漢書の記事により、光武帝時代のものたるを明にし、當時彼我交通の事實を確むるを得可く、又奈良朝に於ける唐との交通は續日本紀等の記事により梗概を知る可きも、奈良正倉院其他諸大寺に傳ふる當代輸入の古器物によりて始めて鮮明なる觀念を得らる可きなり。同樣に支那と西域諸國との交通は、支那歷代の正史之を記すも、其の乾燥なる記事をして、色彩ある一幅の活畫たらしむるものは、ヘデン、スタイン、ペリオ、グリユンウエーデル、ルコツク（Hedin, Stein, Pelliot, Grünwedel, Le Coq）諸氏及大谷光瑞氏の探檢の結果發見せる幾多の遺物に外ならず。又同樣の例は伊太利のエトルスキ（Etruscans）の歷史に於いても然り。羅馬史家の零碎なる記事は、彼等が今日發見せられたる遺物によりて想察するが如き重要なる意義を示さず。考古學的研究によりて始めて羅馬文明の由來する所、エトルスキの文化に負ふ所大なるを知ることを得るに至れるなり。其の一例として彼等が義齒の金橋術をさへ已に行へるは寧ろ驚くに堪えたりと謂ふ可し。之に反して若し零碎の文献すら徴りせば、幾何の考古學的資料ありとも、畢竟畫布上に繪具を亂點すると同様一幅の繪畫を成さゞる可きは、埃及の古代に於ても之を見る可きなり。("Materials for a picture of the Egyptian past they contain, but there is no picture."—Hogarth)

而かも考古學的資料の告ぐる所と、文献的資料の傳ふる所と、相背馳するが如き場合あり。兩方面の研究の必しも一致せざるが如き點あり。斯の場合に於いて、考古學者の態度は如何なる可きかは、後編考古學の研究法を述ぶる際に說及する所あらむ。(八一節參照)

第二編　資料

第一章　考古學的資料の性質

一六、考古學的資料の範圍　狹義の史學が主として文字を以て記されたる文獻的資料(literary documents)を使用するに對し(考古學は人類の殘したる物質的遺物(material remains)を其の研究の材料とすることは已に屢ゝ之を述べたり。然らば此の物質的遺物とは如何なる事物を指すかと云ふに、金石土木の類より成れる建築物、其の集團たる市街、彫刻、繪畫、各種の工藝品武器家等に至るまで、苟も人類の意識的に製作したる一切の空間的延長を有する物件を網羅するのみならず、其の無意識的に殘したる手澤足跡の印影等に至るまで之を包括し、更に人類の飼養せる家畜食用せる動物の遺骸其の排泄物の類をも逸す可きに非ず。是れ間接に人類の殘したる遺物たるを以てなり。而かも此等の考古學的資料は、他の自然科學の資料の如く、同性質のものを任意に聚集し難きを以て嚴密なる意義に於ける實驗の材料たるに適せざるは、考古學が他の自然科學と稍〻其の趣を異にする所以なりとす。

例之、灰及炭化物の發見は人類の棲息住居の跡たるを證する有力なる資料なりとす。蓋し人類は火を用ゆる唯一の動物たればなり。家畜の遺物の存在は、其の人類の生活狀態、文化の程度をトするに最も必要なる資料なり。家畜中最も古きは犬にして、其の遺骨は丁抹の新石器時代の貝塚より發見せらる。蓋し食肉用として飼養せしものならむ。我邦の貝塚よりも、犬及馬の骨發見せらるゝことあり、(例之、薩摩出水貝塚の如き)兩者共に食用に供せられしなる可し。スタイン氏は支那西域敦煌附近の長城に於いて、其の城樓の遺址より馬糞を多く發見し、之を以て當時傳馬の存在を證す可き一資料とせるは面白し。(Stein, Ruins of Desert Cathay. vol. II, p. 162)

一七、遺物と遺跡　考古學的資料は普通之を別つて、狹義の遺物と遺跡の二となす。遺物とは通常形態大ならずして、位置を容易に變更運搬し得可きものゝ例へば一箇の陶壺、石斧、彫像等の如きものを指し、遺跡とは形體大なる遺物、若しくは遺物の集團にして運搬に困難なるものゝ例へば家屋城塞墳墓等の如きものを云ひ、或は遺物存在の痕跡を指すことあり。然れども此の區別たるや全く常識的便宜的のものにして、兩者の間截然として區別ある可きにあらず。形體の大小の如きも相對的のものにして、運搬の困難の如きも、多くの場合勞力と經濟の問題に過ぎざるなり。されば所詮此の區別は全く便宜的のものに過ぎず、廣義に於ける「遺物」中に遺跡も亦包括せらる可きものなるは言ふを須ゐず。

遺物は單に一箇發見せらるゝことあり。又た同時に多數群出することあり。單一なる場合と雖も學術的價値大なること無きに非ざるも、其の最も價値ある遺物は、モンテリウス氏の所謂「フンド」(Der Fund)と稱するものなり。卽ち同時に殘し置かれたりと認め得可き狀態の下に發見せられたる遺物の一群を云ふ。("Die Summe, welche unter solchen Verhältnissen gefunden worden sind, dass also ganz gleichzeitig niedergelegt werden müssn."—Montelius, Die älteren Kulturperioden &c. I.) 七一節參照。

一八、遺物遺跡の名稱　新に發見せられ、若しくは注意に上るに至りし遺物遺跡に對しては、考古學者は之に適當なる名稱を附するの必要あり。此際學者は須く自己の臆說に據る時代民族等の意義を包む名稱を附するを避く可し。たゞ其者の性狀を表示し、若しくは最初に發見せられたる地名等を冠するを以て最も適當なりとす。何者自己の學說は將來の研究により動搖す可きことを豫想するは、單り謙讓なる態度たるのみならず、過去學界の歷史は之を證明して餘あり。されば學說の變動する每に、名稱を變更するの不都合を避くる爲に、豫め學說と關係無き名稱を附す可きなり。然るに我國に於いては由來文字名稱の末に關する議論多く、學者好で自己の學說に由る新名稱を冠せんとする弊あるは深く戒しむ可しとなす。

希臘雅典のデピロン門外より始めて發見せられたる一種の土器は、今なほ「デピロン土器」(Dipylon vases) と稱し、クリート島カマレス洞より發掘し、始て學界の注意を惹ける土器は、之を「カマレス土器」(Kamares ware) と名く。我邦に於いても、東京本郷彌生町より發見し、學者の注意を拂ふに至りし一種の素燒土器を「彌生式土器」と稱するに何等の不都合無く、之を埴瓮、土師器と解するを妨げずと雖も、名稱を改むるの要なし。又た「阿波式石棺」の稱の如きも之を襲用して可なり。「祝部土器」の稱の如きも學界に行はれたること久しく、之を「陶器」(スエノウツハ)「朝鮮式陶器」の新稱よりも慣用せらるゝを以て、强ち之を改むるを要せざる可し。又た石器時代の土器の縄紋式のものを或は「アイヌ式土器」と呼び、或は石槨、石棺、壙穴の文字の議論を上下するが如きは、吾人の多く賛する能はざる所なりとす。かの「金石併用時代」の語は、はじめ伊太利の學者 Periodo eneolitico と稱せしが、此の語は拉丁語と希臘語との混合にて面白からず、新に Chalcholithic period なる文字を使用する學者ありしも、今日なほ前者を慣用す。徒に新名稱を附し文字の穿鑿に陥るは吾人之を取らず。

然れども名稱の混亂甚しきか、或は適當なる機會あるに際して、學者の一堂に會合して、前記の如き主義の下に、名稱の協定を試むることは、吾人之を歡迎す。是れ單に名稱の統一に利あるのみならず、學者の協力親和を將來す可ければなり。たゞ斯の如き機會ある迄は、努て舊稱呼を用ゐて、自己の見解は、たゞ之を其の注解として附するに止めんことを希望してやまず。

一八六七年巴里の萬國人類學先史考古學會に於いて「巨石記念物」(Megalithic monuments)等の名稱を定めたるが如き、一九〇〇年米國學者が石器土器の名稱及び部位の稱呼を協定せるが如き是れなり。吾人また本邦考古學上の事實に應用して、可及的に此の協定名稱を使用せんとす。外國語の譯語の一定亦た之を促進して可なり。

第二節　考古學的資料の所在と蒐集

一九、**遺物の存在場所**　考古學的資料の形狀性質は千態萬狀を極むと雖も、其の存在場所は地上、及地下の二者を普通となす。卽ち埃及のピラミッドの如く、英國のストーンヘンヂ(Stonehenge)の環狀列石の如きは其の儘地上に存在するものゝ一例なるが、シチリヤ島セリヌンテ(Selinunte)の遺跡の如きは、建築物の倒壞して地上に委せるものなり。而かも此等は始より地上に造られたるものなれど、多くの墳墓の如く、地下に構造せられたるものゝ、後世地上に暴露せるものも少なからす。又たカタコムベ(catacombe)其他の墳墓の如く、始より地下に造られたるものゝ外、元來地上に在りしものゝ風雨に破壞せられ、其上に有機物の構成せる土壤を生じ、或は噴火流砂等の爲め、現在地下土砂中に埋存するもの最も多し。かの伊太利ポムペイ(Pompeii)亞弗利加チムカッド(Timgad)市街の如き、支那新疆流砂中の遺跡の如き其の好例なり。水中に遺存するもの亦稀にこれあり。例へば伊太利ネミ(Nemi)湖底の羅馬時代樓船、希臘キテラ(Kythera)海中の石銅像の如きこれなり。此等の內地下に存在する場合は其の數最も多く、從て之を資料として使用する爲めに所謂「發掘」を必要とするに至る。而かも土砂は人類の遺物を最も確實に、且つ永久に保存するものにして、地上に露出し、人間に傳世するものは風雨火災等の天然力、其他人類の意識的無意識的の破壞によつて、早く亡失するの運命を有すること常なり。

埃及、支那土耳其斯坦地方の如き乾燥せる沙漠中に埋沒せる遺物は、紙織物等に至るまで、頗る完全に保存せらるゝは人の知る所なり。又水中に沈沒せるものも瑞西湖底の場合の如く、新石器時代の織物木製角製の遺物殼物等をも保存せるは驚く可し。要するに外光に接觸し、濕度溫度等の變化に會ふこと大なる、時は最も早く破壞消滅に歸するを見る。我が正倉院に於ける奈良朝の遺物が完全に保存せられたるは、其の建築物の構造の適當なるにも據る可けれど、近代博物館に於ける保存の效果は、果して如何なるものありや未だ之を知らざるなり。

二〇、**資料の採集**　地上に存在する考古學的資料は、其の地點に於いて之を調査蒐集す可く、之が爲め學者は旅行を試むるの必要を生ず。是れ卽ち「探檢」(exploration)なり。第十九世紀以後交通機關の發達は旅行を容易ならしめ、大規模の探檢次第に行はれ、是が爲め從來學者の研究範圍に入らざりし資料の漸く調査蒐集せられしもの頗る多し。地下及水中に存在する遺物は、農業其他の土木工事、漁業等の際に「偶然的發見」(accidental discovery)を見ることあり。されど第十九世紀以後に於いては、考古學者が資料の蒐集と研究の目的を以て、遺跡を「發掘」(excavation)すること漸く行はるゝに至り、考古學の研究の其の面目を一新するに至れり。此の發掘の方法に至りては、後編別に詳述する所あらむ。

第十七世紀以前は西洋に於いても考古學資料は主ら「偶然的發見」によりて採集せられ、第十八世紀より第十九世紀初葉に於いては「探檢」によりて未開の土地より、其の地上に殘存せる遺物の調査蒐集盛んとなりしが、遂に第十九世紀の中葉より第廿世紀に至りては學術的「發掘」行はるゝに至れり。此等の歴史に至りては、ミハエリスの著「第十九世紀に於ける考古學的發見」(前出)ブーレ氏著書(前出)等を見る可し。

三、博物館社寺及個人の聚集　考古學的資料は學者の研究せんとする時期以前に其の存在せし場所地點を離れて、個人或は社寺其他の場所に持來されしもの少なからず。此等の聚集品(collection)は、一々其の個人若しくは社寺に於いて、調査せざる可からず。また近時は公共的博物館(museum)設けられ、之に遺物を聚集するの傾向漸く、盛んとなり、學者は之に就きて短時間に且つ便宜に資料を調査するを得るに至れるは、最も喜ぶ可しとなす。また資料は僅に文書、圖畫、寫眞等の記録によりて存在することあり。此等資料の所在場所は、學者が研究に際して、常に調査の手段を講じ遺漏なきを期せざる可からざる處なり。其の博物館の經營、考古學的資料の記載の方法を如何にす可きか等の問題に至りては、更に之を說く所ある可し。

歐米に於ける希臘羅馬考古學的資料を蒐集せる博物館に關しては、ケップ氏の「考古學」(Koepp, Archäologie. I.)中「遺物聚集博物館」(Denkmälersammlungen, Museen)の章中簡單に記されたり。此の外各博物館の藏品目錄は從來多く刊行せられ、其の聚集品を錄したるものあり。此等は考古學的資料蒐集上の鍵鑰たり。伊太利に於ける資料調査の好參考書は Bruchhardt, Cicerone あり。また羅馬の博物館に關しては Helbig, Führer durch die öffentlichen Sammlungen klassischer Altertümer in Rom. 2 Bde. あり、絕好の案內書たり。其他通俗の案內書には ベデカー(Baedecker) マレー(Murray) 出版のもの等あり。一々枚擧に遑あらず。

第二章　遺物と其の種類

三、人類と器具　考古學的遺物の主要なる部分をなすものを器具(tools)となす。人類と他動物と異なる點多しと雖も、或る學者は其の持徵の一として「人類は器具を使用する動物」(Man is the tool-using animal.)となす。嚴密に吟味すれば或は高等の猿類中、多少器具的の意味に、木片石片等を使用すること無きに非ざらんも、天然の材料に加工し、適切なる意義に於ける「器具」を使用するは人類の他、之を他動物に認むること能はざる可し。蓋し人類は肉體に於いて他動物に比して及ばざる所あり、之を補ふに精神的能力を以てす。此の腦力の發現の一として器具を製し、肉體の足らざるを補ひ、足れる所を更に充分にするに至れり。されば器具の使用は人類が、他動物と生存競爭場裡に立ちて、優勝せしむるの必要條件の一と謂ふ可く、人類最古の遺物として早く器具の存在せる所以茲に存す。

人類の器具に關してはヘルネス氏「人類の自然及原史」(Hoernes, Natur-und Urgeschichte des Menschen. Bd. II)等を見る可く、各種重要なる器具の發明製作に就きては、オチス、メーソン氏「發明の起源」(Otis Mason, Origins of Invention)等を參考す可し。

三、器具の材料　人類の未だ開化の域に達せざる時にありては、金屬の如く人爲的方法を竭して生產せらる可き材料を得ること能はず、自然に於いて最も手近に存在する木石骨角等の材料を以て器具とせるは、今日多くの野蠻人に於いても見る所なり。然れども木竹等の材料は其の性質上早く朽滅して、今日に遺存するものは比較的後世の製作品に過ぎず。故に石製と骨角製の器具とが、今日吾人の知り得可き最古の人類の遺物なり。次に金屬の使用起りて、之を以て器具を製するに至れるが、こは人類の自然史上遙に近代のことに屬す。人類の器具殊に利器の主要なる材料によつて、人類の文化を石(器)時代、靑銅(器)時代、鐵(器)時代(Stone age, Bronze age, Iron age)の三に分つを常とす。之を稱して考古學の「三時期法」(Dreiperioden System)と云ふ。

希臘のヘシオッド(Hesiod)が人類を黄金時代、鐵時代等に分てるは、道徳的の意義を有するものにして、其の利器の主要材料によりて、文化時代を此の三者となせるは、已に言へるが如く丁抹の學者トムゼン(Thomsen)が一八三六年創唱する所なり。後ち石器時代を舊石器時代(Palaeolithic age)新石器時代(Neolithic age)の二とせるは、英國のラボック(Sir John Lubbock 卽 Lord Avebury)にして、一八六五年のことなり。又た青銅時代の前に純銅時代(Copper age)を置く學者あるも、普通之を青銅時代中に攝す。新石器時代と青銅時代との過渡期を「金石併用時代」(Aneolithic period)と名けしは、伊太利のキエリチ(Chierici)等の創唱に係る。扨て此等の時代は固より一方より截然として他方に移行せるに非ず、たゞ主要なる利器材料の變化を云へるに過ぎず。また各地の人類が凡て同時代に一方より他方に遷れるにも非ず、必ず三時代を通過するにもあらず、或る地方に於いては早く他時代に進み、或民族は石より直に鐵に移る等の現象あるを見る。我國の如きも青銅器時代を通過せず、直に石器より鐵器に進めるもの丶如し。

四、石器　石器は人類の遺物中最も古きものにして、其の文化の程度また最も低き時代の遺物なれば、其の製作上に、人種的民族的乃至個人的特質未だ多く現はれざるを以て、其の形狀性質世界到る處最も普遍的なるを常とす。從つて之を資料として吾人の研究し得る範圍も自ら局限せらる。たゞ石器は一度破損すれば之を修理すること難きを以て、直に遺棄せられ、而かも其の材料の永久的たるにより、各國共に之を遺存する分量大なるを見る。石器の研究には其の形狀製作の方法等の外、石質を注意するを要す。是れ其の原料たる石材の、他地方より運搬せられしを告ぐるものにして、當代交通の狀態を知るを得べければなり。

石器は從來之を人類の製作せるものに非ずとし、或は神佐の所作に歸し、或は電霆の所生に附會し、時には天然物なりと考へられしこと世界各國に普通なり。例へば支那人は雷斧霹靂石等の名を石器に附し、歐洲にても同樣の名稱を與へたり。本邦に於いても石斧石鏃を電雷と關係ありとなし、石匕を「天狗の飯匕」と稱するの類少なからず。從つて此等に護符的の迷信を附したること各國に其例多し。

三五、舊石器　石器時代を舊石器、新石器の二時代に分つことは、英國のラボック氏に創まれるが、こは單に石器の性質によつて區別するに非ず。舊石器時代とは人類が現時既に絕滅若くは棲息地を變ぜる哺乳類と共棲せる時代の石器時代を云ふなり。されば新石器時代と靑銅器時代以後とは寧ろ接近せるも、舊石器時代と新石器時代とは其の距離大にして、また其の時代も頗る長し。舊石器の特性は、新石器時代に於けるが如き磨研せられたるもの無きことにして、石鏃の如きも未だ之を有せず。其の形態も多くは新石器よりは大にして、打裂もまた粗大なるを常とす。歐洲、埃及、印度等に於いては舊石器發見せられしも、支那、日本に於いては未だ其の確證あるものを發見せず。

舊石器時代の研究は佛白獨等に於いて盛にして、學者其の時代を細分して、各其の小期に於ける石器の形態の變化あるを說く。普通行はるゝ舊石器時代の小期は左の如し。

舊石器時代前期

(1) シェーユ期(Chelles)
(2) アシュール期(Acheul)
(3) ムスチェー期(Moustier)
(4) オリニヤック期(Aurignac)

舊石器時代後期

(5) ソリュートレ期(Solutré)
(6) マデレーヌ則(Madeleine)
(7) マスダヂール期(Mas d' Agil)

此等の名稱は皆發見地名を冠するのなり。

以上のうち(4)(7)は近時追加せられたるものにして、學者或は(1)の以前にメスヴィニアン(Mesvinian)ストレピヤン(Strepyan)期等を置くものあり。即ち此の兩期は後說の「原石器」の時代に當る。以上の小期中シェーユ期の石器は佛人の所謂"coup de poing"と稱するものにして、一八三六年佛のソンム河の砂利中に於いてブーシェー氏始めて發見する所なり。故に或は「ブーシェー」形石器とも稱せらる。英國學者中此等の小期を認めず Drift type, Cave type の二となすもの多し。なほ舊石器時代の大體に關しては Osborn, Men of Old Stone Age 等を見る可し。

三六、**原石器**　舊石器の最も古拙なるものよりも、更に原始的なる石器を先づ人類が製作せりとなし、其の遺物を「原石器」(Eolith)と呼ぶに至れるは、白耳義の學者ルュトー氏(Rutot)等より始まれり。其形態は殆ど器形を呈せず、單に打裂せられたる石片の如し。こは理論上其の存在を否定す可からざるも、一々の遺物に就きて、積極的に其の人工に成れるや否やを確むること難し。

原石器に關しては學者間異論少なからざりき。卽ち斯の如き畧簡なるものは、自然力其他無意識的の人力によりて生ずることを唱道し、之に反對せるものありしが、タスマニャの舊土人の石器等より推し、又た理論上よりして之が存在を否定することは不穏當なり。たゞ存在狀態等を知らざる場合に、一々のものを原石器なりや否や之を判定することは困難なるのみ。

二七、新石器とは世界が動物界其他に於いて、現今の狀態と大差なき時代に作られたる石器を云ふ。さて此新石器の特徴は打製(chipped)の外に、磨製(polished)のものを生ぜることとなり。されど打製も同時に他方に存在することは言ふを俟たず。概して舊石器時代のものに比して、其の製作精巧となり、器具の形式は用途に從つて分化せりと雖も、舊石器時代に於いてもソリュートレ期の如く、頗る精妙の遺物あれば、石器のみを以て直に新舊の石器時代を分つ可きにあらず。石鏃は弓矢の使用と共に、新石器時代に於いて發生し、磨製の石斧、石庖丁の如きまた其の顯著なる遺物となす。新石器時代は歐洲に於いては、其の繼續時期、石器時代に比して遙に短く、直に青銅時代に入れり。日本に於ける石器時代は此の新石器時代に屬するものなり。

歐洲に於いて新石器時代の遺物は到る處に發見せらる。之をローベンハウゼン期(Roben-hausen)と稱せらるゝことあり。埃及の王朝以前の新石器は世界に於ける最も精巧なる作品と稱せらる。支那に於いても新石器時代の遺物陝西、山東、滿洲等に於いて發見せらる。(Laufer, Jade 等參照)日本に於いては明治十二年モールス氏(Morse)武藏大森貝塚を發掘してより、坪井正五郎博士等によりて石器時代の研究起り、石斧、石鏃、石匕、石庖丁、石錐其他の發見頗る多し。(東京帝國大學出版の「日本石器時代遺物發見地名表」を見よ)此等日本石器の詳細なる記述は之を省略して、八木奘三郎氏「日本考古學」、高橋健自氏「考古學」、Munro, Prehistoric Japan 等に讓る。

六、**骨角器**　は舊石器時代より已に存在し、新石器時代及び其の以後なほ使用せらるゝも、主要器具たるの位置を占めざりき。狩獵を以て生活を維持せる人類に於いては、其の獲得せる動物の骨角は、常に豐富に座右に存在し、其の硬度は石器に及ばざるも、强度は之に勝るものあるを以て、針鈎其他の材料に適せり。舊石器時代に在りては、舊象《マンモス》、馴鹿《レンデヤー》等の骨角を以てし、新石器時代に於いては、猪、鹿等のそれを以て、裝飾品及鈎針鏃の如き漁具を作る。

舊石器時代マデレーヌ期に於いて馴鹿の骨角器多く發見せられ、マスダヂル期に至りて馴鹿北地に退きしかば、鹿角を以て作る。日本に於いては鹿角製のもの多く、常陸椎塚貝塚より鯛の頭角に骨製の銛の貫けるものを發見せるは面白し。又た備中津雲貝塚其他より身體裝飾品の發見せられたるものあり。支那に於いては河南省彰德府殷墟より骨鏃多く出で、朝鮮よりも慶南金海貝塚等より骨製品發見せらる。

二九、土器　石製の利器を用ゐて、鳥獸を狩獵し、食物の採取を事とせる古代野蠻の人類に取りて、次に最も必要なる器物は、飮食物を貯藏し、之を調理す可き容器なり。其の始めは貝殼木實の殼或は獸皮の袋等を以て之に充てたりしならんも、其の耐久性と形狀大小の意の如くなるを得ざるを以て、此等の缺陷を補ふ可き新器物の發生を促すに至れり。思ふに古代の人類は、燃火の際其の近傍の粘土が、自ら硬化するを經驗し、粘土が最も工作に便にして、且つ採取に容易なる材料たるを知るに及んで、遂に土器(Pottery)製作を案出したるなる可く、歐洲に於いては舊石器時代には未だ確實なる土器の遺物無く、新石器時代に及びて始めて之を見るに至れり。土器の形狀は其の初め果實の殼等の自然物を摸したるが、後漸く其の使用の目的に從つて特殊の形式を發展し、裝飾的要素をも加ふるに至れり。實に土器の出現は人類の文化發達史上一轉機を作れるものにして、社會學者或は之を以て野蠻(Savagery)と半開(Barbarism)との區別をなすの標幟とせり。即ち此の飲食物貯藏の器用備りて以來、人類は日々食物採取以外に、其の精力を用ゐること を得、調理によりて食物の範圍を擴張し、農業牧畜の發達を豫想するに至れり。而して土器は遂に進歩して陶器(Porcelein)及磁器(Stoneware)となり、現代に於いても人類生活上最も緊要なる器物の一部をなす。

土器の原始的製作法に凡そ三あり。(1)手づくね法(Modelling by hand)(2)型塗り法(Moulding to basket, & c.)(3)卷き上げ法(Coiling)是れなり。土器は現代野蠻未開人間にありては、女子の之が製作に携はるもの多く、型塗り法には籠編物等を臺とし、之に土を塗り粘土と共に燒くを常とす。斯くの如く土器の製作は籠細工等に密接なる關係あり、また据り惡き不安定の土器は紐繩を以て縛し吊し下げ、或は保存上之を緊縛することも、繩紋を土器に附する動機をなせり。斯くて各國古代の土器に繩紋的裝飾を生ずるに至れるなり。

三〇、土器と考古學　土器の材料たる粘土は年處を經るも消滅すること無く、金屬大理石等の如く、他に之を利用する便殆ど無きを以て、土器は其の完全なるもの及び、破片の狀態に於いて、今日に遺存する分量最も多し。　また其の形狀の多樣にして、變化の急激なることは、考古學的資料として最も價値ある所以にして、人種と時代とによりて、其の形狀、紋樣、製作等を異にするを以て、之によりて土器其者及び伴出遺物の年代人種等を推定するの屈强なる資料をなす。　或は「一寸の土器はヘロドトスの全卷よりも價値あり」(An inch of potshed is worth all Herodotus)と云ひ、或はペトリー教授が土器を以て"Essential alphabet of archaeology"と云ひ、セイス博士が「地質學者が化石を以て地史を編するが如く、考古學者は土器を正解して、人類過去の歴史を明にする永固たる證憑となす。科學的發掘者の第一目的は其の發見せる土器の順序を定め、之を他處にて發見せられたるものとの關係を明にするにあるを以て、科學的發掘に際しては、何よりも先づ其の發掘せる一見無價値の如き土器の破片を、一々精細に觀察記錄するに在り」と云はれたるは、實に至言と云ふ可く、近世考古學が或は「瓶の研究」(the study of pots)なりと稱せらるる以あるなり。

土器は各國各民族に於いて相同じからずと雖も、其の原始的のものに至りては、彼是相類するもの少からず。例へば歐洲新石器時代北米土人の土器と、我が日本の石器時代のと相似たるものあるが如き是なり。希臘の土器は石器時代、ミケーネ時代より、コリント式、黒繪手式、赤繪手式等となり、其の美術的價値頗る大なり。(Walters, History of the Ancient Pottery)埃及の土器は已にペトリー教授等によりて研究せられたるも、メソポタミヤの土器は未だし。支那に於ける三代及漢代土器は、近時漸く研究せらるに至れり。(Laufer, Chinese Pottery of the Han Dynastes. 及び「國華」誌上拙稿)日本に於いては石器時代のものとして縄紋土器あり、次いで彌生式土器あり、原史時代以後に入りて祝部土器を見る。後者は全く金屬時代のものにして、日本人祖先の製作に係り、古墳等より發見せらる。石器時代の土器に至りては其の人種問題に就いて諸學者の說區々たり。今此等に說及するの暇無きを以て、已掲日本考古學に關する諸書並に「京都帝國大學文學部考古學研究報告書」「人類學雜誌」等に就きて見る可し。前掲セイス氏の言は特に意義深きを以て、次に原文を掲ぐ可し。("Like the fossils on which the geologist has built up history of life on earth, it is an enduring evidence, when rightly interpreted, of the past history of man.......It is not surprising a study of pottery has become the sheetanchor of archaeological chronology, and that the first object of the scientific excavator is to determine the relative succession of the ceramic remains he discovers and their connection with similar remains found elsewhere. Scientific excavation means, before all things else, careful observation and record of every piece of pottery, however apparently worthless, which the excavator disinters." —Sayce, Archaeology of Cuneiform Inscriptions. pp. 36—39.) 土器の科學的取扱の好模範として、吾人はマツケンヂー氏の「クノソスの土器」(Makenzie, Pottery of Knossos. —Jour. Hellen. Stud. 1903)及びウエース氏及トムソン氏の「有史以前のテツサリー」(Wace & Thompson, Prehistoric Thessaly)アバーコロムビー氏「青銅器時代の土器」(Abercromby, Bronze Age Pottery)等を擧げむ。

三、**金屬器**　金屬を利器の材料として使用せることは、土器の發明に次ぎて人文史上の一大轉機なりき。金屬製の利器が銳利にして永久的使用に堪え、戰爭に於いても、狩獵に於いても、此の利器の所有者が、常に石器使用者に比して優勝の位置を占む可きは言を須ゐず。金屬中人類の文化に最も切要なる關係を有するものを或は「文化金屬」(Kulturmetalle)と稱す。銅、鐵及び青銅(銅と錫との合金)の三者是れなり。黃金の如き貴金屬は純粹の狀態を以て自然に產するを以て、早くより人類の裝飾品として使用せられしも人文の發展に與ること大ならず。銅は文化金屬中最も古く知られ、次いで青銅の合金法發見せられ、鐵は最後に其の使用著しくなれり。金屬器は考古學的資料としての價値、石器に比して遙に大なるものあり。器具と武器との分化も此材料の使用時代より起り、民族地方時代等の差異に本く、製作の變化また頗る著しきものあるに至れり。

銅は元來自然に純粹の狀態に於いて發見せらるゝこと尠からず。世界各地に於いて獨立に其の使用起りたりと說明せらる可きも、青銅として錫を加へ、純銅の柔軟性を醫せることは、恐らく一地方より起りて各地に傳播せるなる可し。而かも青銅中錫の含量は、時代を經るに從ひ漸く多きを加へたり。(一二節參照)埃及バビロニヤ等にては、西紀前三千年頃已に青銅の使用を認めらる。支那に於いては青銅時代前漢以前殷周の間に存在し、優秀なる彝器等を產せしが、其の年代は此等諸國に比して遙に遲れたり。本邦に於いては銅劍銅鉾銅鐸等の發見あるも、特に青銅器時代を置く程のことなく、直に鐵時代に入れり。その支那文化の影響に本くことは言ふ迄もなし。歐洲に於いては、希臘伊太利等南歐諸地方に於いては、青銅器時代早く始まりしも、また早く鐵時代に入り、北歐に於いては、其の開始は遲かりしも、青銅の使用長く行はれて、其の極盛時代を形成せり。伊太利に於ける舊鐵器時代をヴィラノヴァ期(Villanova period)と云ひ、希臘のデピロン期(Dipylon period)に當る。中歐に於いてはハルスタット、ラテーヌ兩時期(Hallstadt, La-Tène periods)あり。此等諸時代の詳細なる說明及び、東西の銅鐵器の種類等は、煩を厭ひていま之を記述せず。(Sophus Müller, Ungeschichte Europas; Hoernes, Natur-und Urgeschichte des Menschen 等參照)

三、**裝飾品**　今日野蠻未開の民族が身體に彩色し、或は羽毛其他を以て頭髮を裝飾せるが如く、古代の人民もまた此の種の裝飾を施せしなる可きも、其の材料の性質上遺存するもの稀なり。たゞ身體に附着せし赤色塗料は、今なほ遺骨の上に殘存するを見る。此の他動物の牙齒、其他珠玉、金屬の裝飾品を用ゐたるものは、之を墳墓の中より遺骸と共に發見す。凡そ此等の裝飾品は、生前身邊を離さゞりし利器、其他の日常什器と共に副葬せられ、其の裝飾せられたる部位に於いて發見せらるゝを以て、特に之を注意することは古墳發掘者の用意を要する所なり。石器時代に於いては、角牙土製の裝飾品を常とするも、金屬時代に入りては、黄金其他の貴金屬等を以て之を作り、其の製作意匠は民族によりては異常なる發達を呈せり。

各民族の裝飾品は各々相同じからざるものあれど、また其間相類するものなきに非ず。即ち狩獵生活を反映せる角牙の懸垂物の如きこれなり。我が國の曲玉の如きもまた獸牙より發生せるものなることは、故坪井博士の創唱せられし處なり。貴金屬製の裝飾品は、文化稍々進みて趣味の向上せる國民に於いては、却つて半開民族のそれよりも多量ならざるを常とす。貴金屬を主として製作せる裝飾品は之を寶飾(jewelry)と稱す。

三、彫刻繪畫等　石製金屬製の利器及器具は、土器の多くと共に實際的生活の要具たるを普通とすれど、人類は早く舊石器時代の中期より、宗教的美術的の作品を遺し、其の造詣驚く可きものあり。新石器時代以後歴史時代に入りて、埃及、バビロニヤ、希臘、伊太利、支那、印度等諸地方に於ける文明の發展は、日常生活の用具以外に、彫刻繪畫其他の工藝品に、特殊の美術的精華を發揮せり。此等遺物の考古學的資料としての價値の大なる、實用的器具に比して更に著しきものあり。美術史家、宗敎史家、其他あらゆる學術研究者は、此等資料の考古學的研究によりて、其の利用を見る可きなり。

彫刻繪畫其他の工藝品の各地方に於ける遺品に就きては、いま其の大綱を叙述するすら暇なきを憾む。各國の美術史等に就きて之を知る可し。ただ歐洲舊石器時代に於ける角牙等の彫刻物、殊にマデレーヌ期の遺品には頗る見る可きものあり。又たピレニース附近の洞穴、殊にアルタミラ(Altamila)洞に於ける舊石器時代の動物畫は、其の造詣驚異に値す。世界の美術は此等繪畫の作者たるクロマニヨン(Cro-Magnon)人種に始まると言はるゝも宜なり。新石器時代に至りては却つて之に及ばず。埃及、クリート島等に於いては、有史以前の美術頗る見る可きものあり、歴史以後に及べり。支那に於いては三代の古銅器以後、漢代には畫像石等の遺物あり、六朝には石窟寺其他の佛像あり。又た副葬の泥像は漢代以後唐代に至つて豐富なる遺物を殘せり。本邦に在りては、石器時代の土偶に次いで、古墳の埴輪偶像、石人、墳墓の表飾等あるも、頗る貧弱たるを免れず。推古時代以後に至りて、佛像彫刻佛畫其他の美術的遺品を產出するに至れるは、人皆知る所なり。

玆に注意すべきは繪畫と裝飾紋樣(Ornament, pattern)との區別なり。後者は器械的に之を作りて美術的價値必しも高きものに非ず。原始野蠻の民族の間にも之を發見するを得可し。繪畫と裝飾とは元來一の母胎より生れたる姉妹なるも、互に別種の發達をなせる場合多きを忘る可からず。

第三章　遺跡と其種類

三四、墳墓と考古學　考古學的資料中遺跡の最も普通なるものを墳墓となす。殊に日本の如き石器時代の貝塚等を除きて、墳墓の外重要なる遺跡無きを以て「墳墓の考古學」(Archaeology of sepulchre)の語、エトルスキ等の場合と同様に適切なるものあるを覺ゆ。生時住居の經營に何等見る可きもの無き人民に在りても、死後の住居たる墳墓に於いて、却つて經營を嚴にし、其の遺跡の今日に見る可きもの尠からず。卽ち我國の如きも其の一例たり。吾人は先づ墳墓の構造に於いて住居のそれを類推し、其の內に包藏する遺物によりて、生活の狀態、技術の程度等を窺ふ可く、宗敎を研究し美術を考察するもの、其他百般の研究者之を寶庫とせざる無し。然れども墳墓の內容豐富なるに比例して、掠奪的發掘を誘ふこと從つて多く、埃及、支那の如きは古より之を專業とするものさへ生ずるに至れり。されば考古學者をして或は「墳墓を發見するは易く、其の内何者をか遺存するものを發見するは難し」と嘆ぜしむるに至る。

墳墓によりて住宅建築の構造を窺はしむる好例は、吾人伊太利のエトルスキ(Etruscans)の古墳に於いて之を見る。卽ち其の穿岩古墳墓室の天井柱其他に於いて、木造の構造或は石造の柱檀を模したり。我が日本の古墳石室の平面は、或る程度に於いて住吉造、大鳥造、大社造等の構造を反映せるものと謂ふを得可し。石棺の形狀の家屋建築を模せるものまたエトルスキ其他歐洲諸國に其の例多く、我國に於いてもまた其の然るを見る。横穴内部に建築の構造を示せるもの亦た往々にして是れあり。

掠奪せられたる墳墓は、其の内容を以て固より直ちに墳墓建築當時の文化の全般を推察するを得可からざるのみならず、掠奪當時の遺物を混ずることあり。是れ吾人の常に綿密なる注意を要する所なり。

三五、最古の墳墓　舊石器時代に於いては、住居としての洞穴其他は直にまた墳墓となり、持殊の遺跡無かりしが如きも、新石器時代に入りては、已に墳墓を經營するものあるを見る。たゞ地上に於ける此等墳墓の標幟は、今日に於いて遺存せず、地下に於ては、一定の法式を以て埋葬せるもののあるが如し。多くは屈葬(Contracted burial)の姿勢に置くこと、今日野蠻未開人間に屢見る所と其の規を一にす。其の何故に斯の如き姿勢に葬れるやに至りては諸說あり。或は埋葬地域棺槨の大さの節約に出るとなし、或は休息安靜の姿勢を取らしむるなりとし、或は胎兒の狀態に復せしむるなりとするも、恐くは死人の復歸を恐怖し、死靈の再來を阻止せんが爲め、之を折り疊みて緊縛するより出でたるものならむ。此種の埋葬法は舊石器時代より已に存せるも、顯著なるは埃及王朝以前及び我國石器時代のそれの如し。歐洲其他に於いてもまた之を見る。

埃及に於ける屈葬の王朝以前の墓地は、ペトリー教授はじめて之を發見し、其他諸學者の發掘せるもの其の數を知らず。其の屈葬は强度の屈曲を示し、屍體の周圍に石塊を圍らすもの、また小兒の屍體の如きは往々にして土器中に容れらる。黑緣赤色土器、石器、象牙製品等を副葬す。其の人類學的研究はエリオット・スミス (Elliot Smith) 氏によりて試みられ、後の埃及人の血液の大本をなせるものなりとせらる。(Elliot Smith, Ancient Egyptians 等參照)

我國に於ける石器時代墓地の研究は、大正六年河内國府に於ける京都帝國大學の發掘に創まる。同地に於いて余等の發掘以後本山鳥居兩氏、大串、長谷部、小金井、清野諸博士累次の發掘ありて、百體に近き屈葬屍體を發見す。其の或者には石製耳飾、土製耳飾等を伴存す。また備中津雲（大串、長谷部、淸野諸氏）肥後轟（淸野、長谷部氏）同阿高（山崎氏）陸前宮戸島（松本博士）等の貝塚よりも同樣の發見あり。實に世界に於ける此種發見の一レコードたり。（京都帝國大學考古學報告二、四、五等參照）而して其の人種問題に至りては、アイヌに近似せる體質を有せる一人種なりとするもの多し。

三六、**石室墳墓及高塚**　新石器時代及び其の以後青銅器時代に於いて、墳墓は各種の發達をなし、愈々恒久的性質を現はさんとし、巨大なる石材を用ゐ、高大なる墳壟を築くもの多きを見る。就中埃及にては「マスタバ」(Mastaba)より「ピラミッド」(Pyramid)横穴等を發生し、異常なる構造を呈す。其他諸國に於いては、巨石を以て造れる「ドルメン」(Dolmen)各種の形狀を有する高塚(Tumulus)及び、封土中の石室墳墓(Corridor tomb)等を現出す。此等墳墓は各國時代を異にするも、其の構造相類し、其の分布は歐洲諸國、亞弗利加北岸、印度、支那、日本等に及び、或はエリオット・スミス氏の如く、之を一源文化の所産とするの學者無きにあらず。我國に於ける高塚石室古墳は、原史時代より下つて奈良朝に至る迄造られしが如し。

埃及の墳墓は石器時代の竪穴墳墓(Pit-grave)より發し、第四王朝に於けるピラミッドを以て、其の築造の最も宏壯なる頂點に達す。就中ギゼーにあるクーフー王(Khufu)のは最大にして、高四八〇尺、一邊四六〇尺に近し。サツカラにある階段ピラミッド(Step pyramid)は、マスタバより眞のピラミッドに至る中間形式とも見る可し。埃及の横穴墳墓(Rock-cut tomb)は中帝國以後行はれ、長き羨道の奥に墓室あり。本邦のそれとは同じからず。

高塚石室墳墓等の一源文化に歸する學説に關してはピート氏の著(Peet, Rough Stone Monuments)等に簡單に記されたり。「ドルメン」とは通常原始的の單簡なる石室の露出するものを云ふ。然れども通俗には封土ある石室古墳をも總稱することあり。(*dol*=table,

men＝stone 即ち「石机」のブレトン語より出づ。）我國の古墳石室の暴露せるものは、嚴密なる意義に於いて、歐洲の「ドルメン」と同一視すること能はず。高塚は石室の有無の關せず之を呼び、封土の石塊を以て築けるものを特に石塚（Cairn）と名く。封土の形狀は圓形なるもの最も普通なれど、支那古代の陵墓の如く方形のもの、朝鮮に見るが如き瓢形のものあり。また本邦に於けるが如き前方後圓の車塚、亞米利加に於ける動物形を現はせるものあり。石室古墳は獨語にて「ガンググラーブ」（Ganggrab）佛語にて「アレー、クーヴェール」（Allée couverte）と呼び、本邦古墳の石室は之に屬す。其の形狀構造種々あるも、蜂窩狀をなすこと希臘ミケーネの「アトレウスの寶庫」（Treasury of Atreus, Mycenae）の如きものあり。愛蘭土ニウグレンヂ（New Grange）の古墳のそれの酷似せるも面白し。支那漢代頃の墓室は甎瓦を以て築造し、墓中數個の聯成せるものあり。朝鮮高句麗時代のものには優秀なる繪畫を描けり。此等各國墳墓に關しては一々詳述するの遑あらず。
（ピート氏前出書參照）

三七、葬法の主なるものに二種あり。即ち土葬と火葬（Cremation）

是れなり。前者は屍體を其儘棺槨に收めて、土中に埋むるものにして石器時代以降行はれ、世界に於ける普通の埋葬法なり。後者もまた其の起源古く、歐洲に於いては、青銅時代以來これを見る。而かも土葬と火葬とは古代より一地方一種族に並行して存せるを注意す可く、俄に葬法の相違により人種時代等を區別すること能はざるなり。以上の外埃及の如く木乃伊《ミイラ》(Mummy)となし屍體を保存するもの、印度の如く樹枝上に曝して或は鳥に喰はしむる風葬とも云ふ可きもの、水中に投じて鰐魚等の腹中に葬る水葬等あり。宗敎上の觀念と其の風土の狀況とに支配せられて各種の葬法を發達せり。

土葬の一種に屍體の軟部腐朽せる後ち、骨格のみを蒐めて葬るものあり。之を洗骨葬と云ふ。南洋諸島の一部にも行はれ、我國の古代にも是れありしを説く學者あり。土葬の屍體は多く陶、木、石製等の棺槨にて保護し、更に之を石室中に安置することあり。本邦にも古く大甕を合せて棺となすものあり、アッシリヤ地方後期のものに似たり。石棺には箱式(阿波式)、組合せ式。刳抜き式等各種あり、また稍〻後世に陶棺あることは人の知る所なり。火葬は希臘古代より羅馬時代にも行はれ、遺灰を收めたる壺(Cinerary urn)若しくは棺を收むる墓所に、羅馬の鳩窩(Corumbrium)あり。これよりして初期基督敎の地下墓(Catacombe)發生す(但し土葬)。東洋諸國に於いて火葬は印度より支那、朝鮮、日本に傳播せることは言ふ迄も無し。

三六、巨石記念物「ドルメン」の如き巨石を以て築造せる墳墓と共に、同じく巨石を以て構成せる宗敎的記念物を總稱して巨石記念物(Megalithic monuments)と名く。其の一は「メンヒル」(Menhir)にして、一箇或は多くの巨石を樹立せしもの、二は「クロムレヒ」(Cromlech)にして、巨石を輪狀に繞らせるものなり。　此等の遺物は歐洲青銅器以前の時代に見ること多しと雖も、其の目的に至りては、或は天文に關係ありとなし、或は墳墓なりとするものあれど、寧ろ何等かの宗敎的意義を有する靈域を示すものならむ。　サルヂニャ島には別に「ヌラギー」(Nuraghi)と呼ぶ圓筒狀の巨石建造物あり。

「メンヒル」とはブレトン語の *men*＝stone, *hir*＝long 卽ち長石の義なり。其の大なるもの佛國のモルビアン州(Morbian)にあり、或は高六十尺を越ゆ。其他數千の遺跡あり。殊にブリタニーユ州(Britagne)には、「メンヒル」の群列をなし所謂「アリニュマン」(Aligne-ment)と稱せらるゝもの多く、就中カルナツク(Carnac)エルドブン(Erdeven)のもの有名にして、後者は十列千百二十九本の石ありと云ふ。「クロムレヒ」はウェルシュ語 *crom*＝curve, *leck*＝stone の義より出で、英國ストーンヘンヂ(Stonehenge)のものは直徑百尺に近く、石の高二十尺に過ぐるものあり。又エーブリ(Avebury)にも大なるものあり。此

等に關しては ピート氏著書(前出)に要領を盡せり。

三九、住居跡　住居の經營は、古代未開の時代に在りては、墳墓の如く意を用ゐず、從て其の遺跡もまた顯著ならざるを常とす。歐洲舊石器時代の沍寒期には、多く自然の洞穴に住居せしもの丶如く、簡單なる小屋掛をなせる住居に至りては、新石器時代以後存せしも、たゞ石器土器其他燃火の跡の遺存する處等を以て、住居地の跡なりとなし得可きのみ。また海岸湖沼の附近にありては、貝類を食したる殘殼、獸骨等と共に住居地附近に捨てられて、其の堆積は顯著なる所謂貝塚(Kitchenmidden, shell-mound)をなす。また防衛の目的を以て、湖上等に小屋を營めるもの(Lake-dwelling)は其の杙根今なほ存して、之を明にす可く、其の低濕地に高架の小屋をなせるものの遺跡を「テラマーレ」(Terramare)と名く。又た竪穴(Pit)を穿ちて其上に屋根を葺きたる土室的の遺跡の殘れるものあり、我國に於いても之を發見す。此等の遺跡は皆な石器、土器其他の遺物を發見し、考古學的資料の淵叢たり。

舊石器時代人類の住居せし洞穴は歐洲諸國に多く、其内より人骨其他の遺物を發見し、また洞壁に繪畫を作るものあり。(三二一節參照)新石器時代住居地の遺跡中顯著なるものは、丁抹の泥炭層(Peat-moss)なり。此處にては森林相の變化と共に、新石器時代より青銅器、鐵器時代に移れる人類文化の遺物を發見す。貝塚は歐米及び日本にも多く、其の研究は丁抹地方より始まる。塚とは稱するも必しも外形隆起するには非ず。我邦の貝塚は古く常陸風土記等にも見えたるも、是が學術的研究はモールス氏の明治十二年大森貝塚發掘に始まる。(Morse, Shell-mound at Omori)爾來坪井博士等の學者によりて全國に於いて發見せらるる數莫大なり。(二一七節參照)湖上住居の跡は歐洲中瑞西、獨逸、墺太利、伊太利北部等にあり、其の材の多きは十萬本に至る。ケラー氏(Keller)の一八五三年チュウリヒ(Zürich)湖畔に發見せしを始めとなす。「テラマーレ」と共に併稱して獨逸語にて“Pfahlbauten”と云ふ。(一三節參照)

四〇、**都市城塞**　宏大なる貝塚、湖底の杙群等は卽ち石器時代の人類の大聚落にして、當時の都市とも稱す可きものなり。たゞ建築材料の關係よりして都市遺跡の觀を呈せざるのみ。青銅時代以降石材を以て少くとも家屋の基礎を造ること行はれ、聚落の遺跡顯著となれり。また此等都市の周圍に防禦の目的を以て城壁を繞らすものあり。都市の遺跡は石材を主とする場合、殊に煉瓦を以てする場合に於いては、其の崩壞せる材料は推積して大なる丘陵若しくは壇狀をなすを常とす。埃及西亞諸國に於ける「テル」(tell)

卽ち是れなり。 其の聚落の累代に亙るもの、或は舊聚落の上に新に之を起し、或は其の附近に移動するものあり。 前者の場合に於いては、都市の遺跡は成層的に存在す。

墳墓は人類聚落を距ること遠からざる地點に設けらるゝを常とするを以て、其の群集地卽ち墓地(cemetery)の存在は、附近に聚落の存在せしことを暗示するものにして、都市の遺跡不明なる場合と雖も、之が推定に資す可きなり。 エトルスキの墓地の如き、また本邦に於ける古墳群集地の如き是れなり。

北伊太利靑銅器時代聚落の遺跡として顯著なるは、パルマ附近のカステラッツォ(Castellazzo)のテラマーレなり。 長方形の地區の周圍に湟を繞らし、一方に出入の道を附す。 瑞西湖上住居の形式もまた之に似たり。 後世伊太利諸市の發達また此の形式を傳へたるを見る。希臘の都市は中央に高き城山(acropolis)あり、其の下麓に發達するを常とす。 從來發掘研究せられたる都市遺跡の有名なるものは、エーゲ文明時代のものにクリート島グルーニヤ(Gournia)等あり。ヘレニスチック時代のものに、小亞ブリエネ(Priene)ペルガモン(Pergamon)等あり。羅馬時代のものに有名なるポムペイ(Pompeii)チムガッド(Timgad)等あり。何れも考古學的發掘の著例に屬す。印度に於いては近くタキシラ(Taxila)等の發掘あり、古代都市の狀態を復活せるも、支那、朝鮮、日本等に於ける都市の研究は、未だ殆ど見る可きものなし。僅に支那西域に於いてスタイン氏(Stein)等の小聚落を流沙の間に發掘したるのみ。朝鮮に於いて漢代郡治の遺跡を平壤附近に於いて發見し、我國に於いて平城京等の歷史地理的研究あるに過ぎず。九州地方に存する所謂「神籠石」なるものは大體に於いて城塞的のものと認む可きが如し。東洋の考古學も將來古墳のみに止まらず、都市其他の方面に其の研究の步武を進む可きなり。

四、工業交通の遺跡　石器時代の人民は石器製作の材料として、適當なる石材を其の產地に求めたるも、多量の石材の需要無かりしを以て、石切場(stone quarry)の類の遺跡を止めざるも、建築材料として石材を使用する地方及時代に於いて、顯著なる石切場の跡を殘せるを見る。　また金屬時代となりては、銅其他の鑛石を採取せる遺坑今なほ存す。　此等古代の石切場採鑛所は、其の附近に於いて、現時なほ同樣の目的を以て採掘せらるゝ場合多しとなす。　また土器製造所即ち陶窯(kiln)の跡あり。　是は其の附近に陶片溶屑等多く遺存し、其の附近の粘土は今なほ使用せらるゝこと屢なり。また古代都市聚落等の交通路は、道路に特殊の設備を施さゞる場合多きを以て、之を知ること困難なるも、各聚落間の最も自然的容易なる線路は、即ち古代人の交通路たり。　斯の如き道路は現今に至るもなほ歩道として殘存するを常とす。

埃及古代の石切場中メムフィス附近のツラー(Tûrah)マッサラー(Massarah)は石灰石の採

掘所なり。シルシリス(Silsilis)は砂岩、シエネ(Syene)は赤花崗岩を産す。銅の採掘地としては、シナイ(Sinai)地方古代諸國に有名なりき。希臘に於てはアチカ州ラウリオン(Laurion)に銀山の遺坑あり、ペンテリコン(Pentelicon)ヘメトス(Hymettos)山には大理石を採取せる跡あり。又たシチリヤ島シラクサ(Syracusa)セリヌンテ(Selinunte)附近より建築用材を採取せる石切場あり。シラクサの遺坑はアテネ人の囚獄として使用せられ、セリヌンテのそれは戰爭の爲め事業を中止し、柱材半ば切取られて存するもの等今なほ當年を髣髴せしむ。本邦に於いては鑛山石切場の遺跡の明なるものを見ず。たゞ播磨石寶殿の如きは或は石切場の類か。但し祝部土器の製陶所の遺跡は各地に多く存す。羅馬の道路は尤も直線的に作られ、鋪石を行ふを常とし、其の遺跡伊太利及羅馬領諸地方に殘れり。其の以前の舊道は自然的線路を通じ、今なほ土人に用ゐらるゝ例英國等に於いて見る可し。(Petrie, Some Sources of Human History. p. 27)

四、寺院宮殿寺の建築　古代人民の生活に於いて、宗教の意義は遙に近代人のそれを凌駕せり。彼等は個人的生活の内容を豊富にし、其の住宅を壯麗にするよりも、先づ宗敎的禮拜の公的場所を莊嚴にし、其の建築に全力を用ゐたり。されば古代都市に於ける最も壯大なる建築は、其の宗敎的寺院なり。墳墓の槨室が住宅と關係あるが如く、神の住居たる寺院はまた人間の住宅の樣式を採用し、漸次特殊の發達を致せるは、世界各地に於いて常に見る所なり。次いで僧侶と王者との區別を生じ來りて、王者は宮殿を造營し、住宅發達の最大發達を形成するに至る。但し民衆の權力盛なる希臘等に於いては、其の娛樂の爲め劇場、市場其他の造營物の發達せるものあり。吾人は此等寺院宮殿の建築に於いて、各地方各時代の最高最善の努力を見、其の文化の最頂點を窺ふことを得。

埃及、希臘等に於いては寺院建築發達せしも、宮殿建築は羅馬時代に入りてはじめて顯著となれり。たゞ希臘もミケーネ時代以前に於いて、却つて宮殿建築の莊嚴なるものあり。ミケーネ(Mykenae)チリンス(Tyrinth)等本土のもの丶外、クリート島にはクノソス(Knossos)フェストス(Phaestos)等の如し。埃及、希臘の寺院に就きては、今之を述ぶるの暇なし。希臘神祠中人民の集會娛樂の中心たりしオリムピヤ(Olympia)デルフィ(Delphi)エピダウロス(Epidauros)エリウヂス(Eleusis)等の遺跡は、第十九世紀に入りて發掘行はれ、考古學上重大なる寄與をなせり。(Diehl, Excursions en Grèce 參照)希臘の末より羅馬時代に入り、民衆生活の豐富となると共に、劇場(theatre)浴場(thermae)競技場(stadion)等の設備益々完全となれり。斯の如き種類の遺跡は、東洋諸國に於いては、殆ど見る能はざる所なり。又た水道(aquiduct)橋梁等の實用的建築は、羅馬に於いて著しく發達せるを見る。埃及にては寺院建築の大なるものあるも、宮殿はアケナーテン(Akenaten)王のそれの外殆ど遺跡の見る可き無し。之に反してアッシリヤ、バビロン等東方諸國に於いて、王者の宮殿の大遺跡を見るは、國狀の差著しきを現はせり。印度に於いて宗教的建築として特殊なるは塔(stupa)と石窟寺の二者となす。此の塔の建築は支那に入りて、樓閣建築と結合して多層塔となり、本邦また之を繼承す。石窟寺も支那に傳播し、六朝時代の石窟寺院を生ぜり。本邦に於いては寺院宮殿等皆木造なりしを以て、其の遺跡よりはたゞ礎石と瓦とを發見するのみ。幸に奈良朝及び其以前の建築殘存せるも、外部は多く後世の修補を經たり。

第三編　調　査

第一章　考古學的發掘

一三、發掘の價値　考古學的資料を聚集する方法の一として、發掘を行ふことに就きては已に述べたり。歐洲に於ける考古學も第十九世紀以前は、主として偶然の發見(accidental discovery)による資料を以て構成せられしが、近世科學の進步と共に、實驗的方法あらゆる科學に應用せらるゝと共に、考古學に於いては、一種の實驗方法として發掘を行ふに至れるものゝ如し。斯の如くにして近世考古學は、漸次科學的立脚地を固くし、豫め斯學の目的を以て、一定の計畫の下に、組織的發掘(systematic excavation)を遂行するに及んで、愈々嚴密なる意義に於ける科學的方法たるに背かざるに至れり。されば所謂「鍬の考古學」(Archaeology of spade)なる語は、近世考古學の異名なりと稱せらるゝも故なきに非ず。斯くて從來發見地の不明、共存遺物及存在狀態に關する知識の不備は、漸く充足せられ、其の古代研究上に於ける職分は、益々重要となり、文獻的研究と對峙して、之に優るものあるも劣ること無きに至りぬ。

交通機關の發達は旅行を容易にし、從來接近すること困難にして、而かも之が爲め今日に保存せられし遺跡の發掘を見るに至れり。第十九世紀に於ける西洋の考古學的發掘史の大要は、ミハエリス氏の好著によりて之を窺ふ可きなり。(Michaelis, Die archäologischen Entdeckungen. 前出)支那本土に於いては未だ科學的發掘は開始せられず。朝鮮に於いては古蹟調査委員によりて着々實行せられつゝあり。本邦に於いては僅に石器時代遺跡等に小規模の發掘行はるゝのみ。考古學的發掘に關しては、ペトリー教授の著書(Petrie, Methods. 前出)最も詳細に且つ適切なる知識を吾人に與ふるものなり、必讀を要す。其の實例は多く埃及の發掘に取りたるが、希臘のそれを主として說きたるものに、ドループ氏の小著(Droop, Archaeological Excavation)あり。

四、發掘者　考古學的發掘に於いて最も肝要なる要素は發掘者(excavator)自身の人物なり。其の學術的良心に富み、單に珍貴なる物品を獲る念に驅らるゝこと無く、考古學に關する各種の知識經驗を有す可きは言を俟たず。また事業の組織經營の才にも長ずることを要す。殊に交通不便なる地點に於いて發掘を行ふ場合に在りては、宿舍衞生運搬其他に就きて周到精密なる用意をも忘る可からず。發掘は一種の土木的工事なれば、發掘の指揮者は一面學者たると同時に、他面技師たるの資格を期待せらる。斯の如く發掘者は學者技師たると共に、事業家たるの性質を具備せざる可からず。常に人夫と共に現場に於いて、土砂發掘の事に携はるの覺悟あるに非ずんば、到底其功を期し難かる可し。

一人にして斯の如き資格を有する人物を得る能はざる時は、發掘の指揮者が學者的資格を缺く場合には學者、技師的性質を缺く時は技師を其の補助とす可きなり。また大規模の探檢的發掘若しくは不健康なる地方の發掘には醫師の同行を必要とす可し。醫師は一方に於いて多少化學的知識を有するを以て、便宜少なからず。建築學者は大なる遺跡建築の發掘に於いて最も必要なり。指揮者此の方面の素養を缺く時は之を同行するを要す。トロヤ、チリンスの發掘にシュリーマンが建築學者ドョルプフェルド(Dörpfeld)伴ひて、如何に面目を一新せるかに想到せよ。言語を異にする地方の發掘には、其地の語學を學習せざる可からず。たとへ通譯者を用ふと雖、發掘者亦自ら若干の知識を備へざれば、事業の遂行に支障を生ずること大なり。

四五、人夫　次に發掘に使役する人夫は發掘の事業と最も重大なる關係を有するを以て、其の選擇に注意を怠る可からず。日本内地に於いては、人夫の範圍常に制限せられて、選擇の自由少しと雖も、支那朝鮮埃及等の發掘に於いては、其の選擇に意を用ゆ可き場合多きを見る。而かも人夫は發掘に經驗あるものよりも、農民中より之を求むるを以て可とし、老年者よりも年少者を可とし、少年少女の用ゐる可き仕事もまた少なからず。而かも事業の性質により、日雇法或は仕事請負法の孰れかを取る可し。即ち精密なる調査を必要にする場合には前者を、粗大なる發掘を繼續する時は後者を取ると以て經濟的となす。また貴重なる物品を發見せるものには、相當の酒錢を給することは、彼等の奬勵法となり、且つ發

見物の隱匿を防ぐに效ある可し。

人夫中經歷あり忠實にして、彼等の間に勢力あるものを以て、其の頭目(foreman)とし、仕事の命令、給料の支拂等に彼等を仲介せしむるに便利多し。たゞ時に狡猾なる輩の之に乘じ、人夫の間に紛擾を來たし、事業の妨害を生ずることあり。殊に外國の地に於いて外國語に長ずる輩には、不誠實なるもの多きを戒心す可きなり。

人夫には每日規定の時間に參集を命じ、發掘者も亦其の定刻に來らざれば、彼等は漸く其の命令を奉ぜざるに至る可し。發掘の終止は特殊の場合の外、每日定刻に之を行ふ可し。日暮るゝ迄餘りに長く使用することは彼等の間に不平を生ずるのみならず、發掘の粗雜不注意を來たし、其の害や却て大なるものある可し。また長時日の發掘には、一週間もしくは十日目每に休日を與ふるを要す。

人夫の監督は之を嚴に失するは、寛に過ぐるよりも其の弊大なる可し。言語を多くし叱責を屢々にし、或は鞭を以てするが如きは最も愼むべきこととなりとす。遠方より雙眼鏡を以て之を注視する風をなすも、彼等はなほ多少戒心するものなり。但し給料支拂上に誤謬なきを期する爲め、毎日人夫の勤怠と支拂の濟否は之を記録し置くことを怠る可からず。

四六、**發掘用器具**　は運搬の煩勞を減ずる爲に、成る可く發掘地附近に於いて購入若しくは借入るゝを便とするも、地方の狀況によりては豫め充分なる用意を要すること多し。但し土砂發掘に使用する鍬、鶴嘴、ショベル等は人夫自家のものを待來らしむるを原則とす。これ彼等が其の器具を丁寧にし破損を生ずること少なきを以てなり。普通本邦に於いて古墳貝塚發掘等に於いて要する器具概ね左の如し。

(イ)發掘用　鶴嘴、ショベル、鍬、鐵桿、鎌、竹箆、佐官用鏝類、篩各種、大工道具一式

（ロ）整理用　刷毛《ブラッシュ》大小各種、パラフイン蠟、石膏、ツァポン・ラック等（後章參照）

（ハ）調査用　方眼紙、畫紙、ピン、測圖板及附屬具、磁石、クリノメーター、卷尺各種、折尺、間數繩、ハンド・レベル、ポール、擴大鏡、水彩繪具、色鉛筆等

（ニ）荷造用　新聞紙其他包紙、籠、紐類

以上の諸品中一括して之を鞄等に收容し、忘れざる樣にし置く可く、寫眞、拓本等に用ゐる器具は勿論別に之を用意す可し。鶴嘴、ショベル類は本邦に於いては方今各地水利組合、耕地整理、村役場等にて借入るゝことを得る場合多し。

四七、**發掘地點の選定**　發掘に際して成形ある古墳、貝殼の露出せる貝塚と雖も、其の孰れの部分に石室石棺あり、孰れの部分に遺物

豐富なるかを觀測すること尤も困難なり。此等は從來の經驗、實地の徵證によりて試むるの外無く、若し觀測の結果何處の部分も優劣なく、また之を定むるに由なき時は、たゞ發掘の便宜によりて之を決定す可し。また遺跡を搜索選定し之を發見することは經驗を重ぬるに從ひ容易なる可きは言を俟たずと雖も、特に其の徵證（Indication）に注意するを要す。口碑傳說に殘れる場合を除き、多くは土器破片の散布を以て普通の徵證とし、地下に礎壁竪穴の如きもののある場合には、其の上部の地表に雨水の乾燥、霜雪の溶解、植物の繁茂、地踏の響音等の他と異るもののあること屢〻なり。發掘者は宜しく此等細微の徵證に注意を拂ひ、銳利なる觀察を怠る可からず。

發掘の便宜とは夏時には凉しき場所、冬時には暖き地點の如き、また土砂捨て場の位置等の便宜なることを意味す。是は發掘事業の能率に大關係を有す可し。古墳の石室等の位置は、鐵棒等を以てボーリングを行ひて之を知るも一法なり。たゞ之によりて遺物を破壞する恐れある場合は行ふ可きにあらず。

第二章　發掘の方法

四八、發掘の開始　發掘の地點を決定したる時は、着手以前に先づ其の地點の精確なる位置を地圖上に記入し、其の表面の現狀を寫眞、測圖、記錄するを要す。是れ將に變形破壞せられんとする遺跡に對する發掘者の第一の義務なりとす。次に愈〻鍬を下すに際しては一定の方針計畫の下に、丁寧細心發掘を行ひ、たとへ遺物の發見豫期の如くならずと雖も、妄りに中止或は計畫を變ずることある可からず。遺物の發見無き時は、其の無きことを證するもまた學術上の價値ありと信ず可し。其の發掘の周到精細なる、他人が將來同一地點に來るとも、何等の發見なき程度に至らしむるを理想とす可し。而かも一定の方針計畫とは、初めより遺跡の狀態等に關して豫想を逞くするの謂に非ず。此點に於いては發掘者は寧ろ虛心にして何等先入の見なきを要す。

一地點の發掘に粗漏ある時は、將來永久に他人の來り發掘すること無く、其處に取り殘されたる遺物は全く人間に出る期會無かる可し。卽ち一地點の發掘を「根こそぎ」にすることは決して資料の獨占を意味するに非ざるなり。之に反して不完全なる發掘を隨處に試むるは、其の結果學術的發掘を阻害し、他の學者の利益を妨ぐること多かる可し。要は一定の時間と費用に於いて、可及的に狹き區域を精密に發掘するを以て主義とす可き遺物の發見なくして妄りに發掘を中止することは最も戒心す可きことなり。他の一鍬の下に貴重なる遺物は吾人を待ちつゝあることを記臆せよ。余輩自ら之に關して屢〻辛き經驗を有す。

四九、發掘の方式　一の遺跡を發掘するに際し、諸方を無秩序に試掘的竪穴《ピット》を穿つことは、單に多くの遺物を短時間に得るの目的には或は可ならんも、遺物を破壞し、他の遺物との關係を不明ならしむるを以て非學術的の譏を免れず。されば地下に包藏する遺物の存否不明なる場合と雖も、並行せる横溝《トレンチ》を設けて、之を試掘す可きなり。又從來市街地等の遺跡を發掘するに方りて全地積を掘り盡して、土砂を周圍に積み上げ、然る後ち再び之を埋沒するを常とせしが、こは建築物の層〻相累りて存在する場合、或は全地域を寫眞する等の場合には必要なるも、其他の場合に於いては寧ろペトリー氏の所謂「順掘り」(turning-over method)の方法を以てするを經濟なりとす。また貝塚等の如く各層位に包含する遺物を調査するのみの目的に在りては、一種の「階段掘」(stoping)を以て最も適當なりとす。

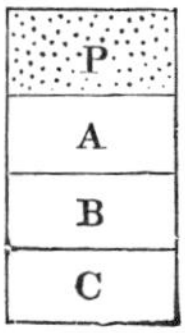

順掘法(上圖)とは一區域を若干區域に分ち、先づ第一區の溝(A)を掘り其の土砂を他側(P)に堆積し、此の區の調査を完了したる後、次に第二區(B)を掘り、其の土砂を以て第一區(A)を埋む。斯の如くにして第三、第四區(C、D)等に進む時は、土砂の堆積を少くし、特に埋沒するの勞を省く。また家屋の如き遺跡は各室を斯くの如き方法を以て發掘す可し。但し調査の再訂、遺跡の現狀を示さんとする場合に在りては、此の法は用ゆ可からず。

階段掘とは石炭の露天掘に於けると同精神を以て行ふものなり。卽ち一遺跡の遺物包含

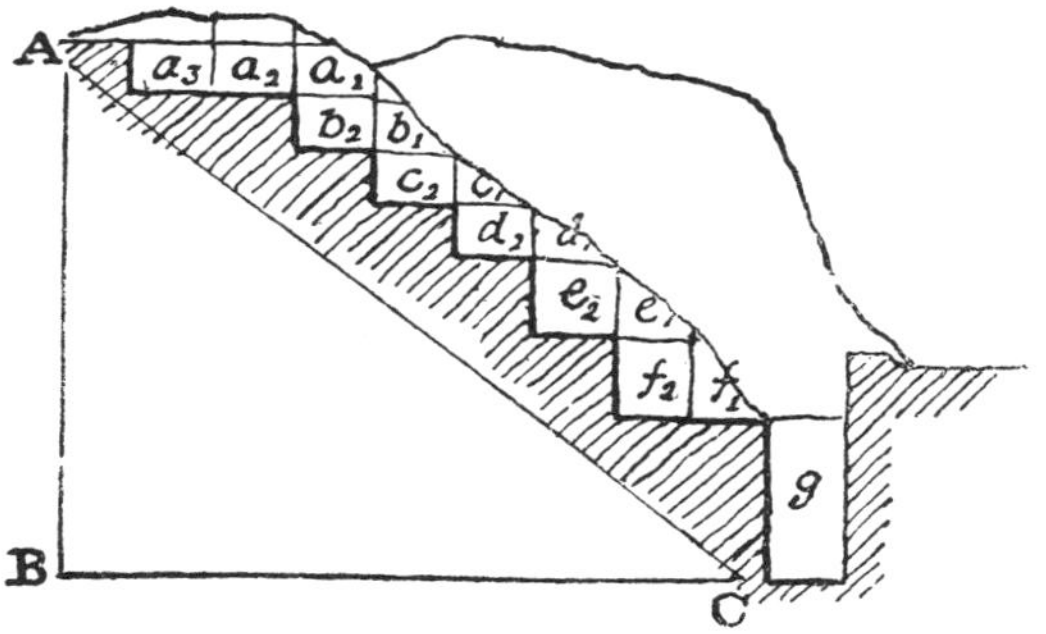

（大正九年十月、朝鮮金海貝塚發掘例）

狀態の層序的調査に際して（上圖）垂直線的層序（AB）と斜線的層序（AC）に於いて、何等本質上に變化無き場合には、垂直的斷層を作ることは其の勞力非常にして危險もまた伴ふを以て、斜線的層序によりて之を調査するを便宜とす。此の際に先づ階段狀に（a_1, b_1）順次上より掘り下げ、各層（約二尺を以て人夫等の昇降に便あり）を調査し下方に進む可し。然る後下より掘り殘されたる階段（a_2, b_2）を順次上へ掘り上げ、其の土砂を調査しつゝ下層を埋沒し行く可し。要するに深き大穴を穿つには、階段狀に足がゝりを殘し置き、下に掘り進むことは工事上最も便利にして、その階段を最後に掘り崩して之を調査す可きなり。余輩は朝鮮金海貝塚等に於いて此の方法を應用して大に便宜を感じたり。

五〇、土砂の處置　發掘の土砂を如何なる方法により、如何なる地點に捨つ可きかの問題は、發掘作業に於いて最も重要なる問題なり。されば當初より將に堆積せらる可き土砂の分量を計算し、適當なる捨場を選定す可し。餘りに遠きに過ぐれば勞力の徒費となり、餘りに近きに過ぐれば、發掘の妨害を來し、發掘の進行につれて、更に之を他に移すの二重の手間を生ずること屢〻なりとす。一の大なる竪穴を穿つには、初めより所要の全平面、或はそれ以上を表面より一定の深さ宛掘り下ぐ可く、小さき穴を深く穿ち進む時は、周圍の土砂常に穴中に落下し、二重の勞力を繰返し、また時に人夫に危險を及ぼす可し。

土砂を投棄する際附近の農作物に損害を及ぼす地點を避く可し。之が賠償をなすも農民は決して好意を有せざるなり。

土砂の運搬には一二町以上の距離に於いては、輕便軌道を敷設して土運車を使用するに若かず。歐洲に於いて比較的小規模の發掘にも之を利用せるは羨し。穴中の深處より地上に移すには、人夫をして一々擔ぎ上げしむることなく、彼等を鎖狀に斜面上に立たしめ、土砂を容れたる籠を順序手渡しすること石炭積込みの際の如くするを最も經濟的なりとす。また籠に綱を附し兩側より各一人をして引上げしむるも可なり。土砂を附近に撥除くるには鍬ショベル等に綱を附し兩端より各一人をして引かしむるを效果ありとす。(上圖)

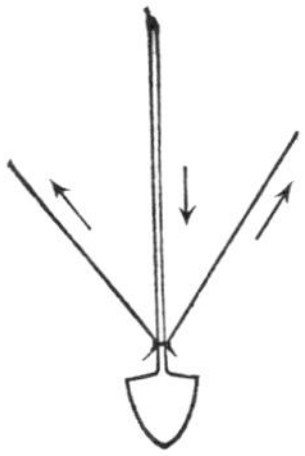

五、最後の武器　以上は發掘の作業に關する一般的の方法を述べたるに止り、遺跡の狀態土地の狀況により、臨機應變の處置を講ず可きや言を俟たず。而かも所有文明の利器を應用し、時間と勞

力の經濟を企圖す可きは勿論なりと雖も、愈〻遺物の出現するに及びては、吾人は細心の注意と忍耐とを以て事に臨み、最後の武器は實に指端（finger-end）に外ならざるを覺悟す可し。即ち此際に於いては、鍬、鶴嘴等の器具は之を捨て、發掘者自ら指端竹箆等を以て遺物を取出す可く、決して之を人夫任せとす可からず。これ獨り遺物の破壞を恐るゝ爲にあらず、其の存在狀態の微細なる點は、斯の如くにして始めて之を知り得べく、幾多のデリケートなる微證は、斯る際に之を得べければなり。

土器の地中に在りて濕氣を帶びたるものは脆弱なるを以て、暫く外氣に暴露し乾燥して堅くなるを待ちて、徐に之を底部より掘り起す可く、此の際金屬製の器具を使用す可からず。指端もしくは竹箆を用ゐる可し。また土を被れる遺物を直に水洗し、或は土を除去することは危險多し。これまた乾燥するを待ち、柔なるブラッシュを用ゐて之を靜に取去る可きなり。土砂に混ぜる珠玉等の小き遺物は、其の部分の土砂を篩にかけ、或は水篩にして之を檢出す可し。種々の用途に於いて清水は缺く可からざるものなれば、水桶バケツの類を以て豫め之を用意するを要す。

五二、發掘者の態度　は遺物の發掘に性急ならず、常に勞力と時間とに餘裕を存し、事業の確實と丁寧とを期するを旨とす可し。日暮れ疲勞したる後、强ひて其日の中に一事業を完了せんと忙ぐ時は決して遺漏なき調査をなす能はず。由來邦人の性急なるや一長一短ありと雖も、一時に多數の人夫を使役して、一氣呵成に事業を完結せしめんと欲するは、之を歐洲の考古學者が少數の人夫を用ゐて、數年に亙り悠々事に從ふの態度と頗る其の趣を殊にす。多數の人夫を役して少時間發掘すると、少數の人夫を以て長時間繼續すると、勞力の分量相同じきに似たれども、前者は往々發掘の周到を缺き、人夫は常に事業に熟練するの機會なく、其の功果に於いて後者と非常の徑庭を生ず。吾人は英人の所謂「徐々にして而かも堅實」("slow but steady")なる態度を、考古學的發掘に於いても大に學ぶの必要あるを覺ゆ。

偶然の發見により、發掘の時季を選擇する能はざる等の特殊の場合を除き、夏季冬季の激烈なる季節は發掘に不適當なり。これ發掘者と人夫の能率を少くするのみならず、疲勞し易く事業の粗漏を致すの恐あるを以てなり。但し農作物の關係、農閑時等も考察に入れざれば、發掘地點の賠償と人夫の募集に困難を感ず可し。人夫は多きに過ぐれば其の一部は手を拱いて勞働せざること多し。

著者は曾て英國ソールスベリ附近のソーラム(Sorum)の大遺墟の發掘に於いて、人夫は僅に十數人を使役するのみにして、徐々と發掘せるを見たり。伊太利チェルベテリー

(Cerveteri)のエトルスキの遺跡に於いては、發掘者は古墳の附近に花卉を植ゑ之を樂しむと共に、少數の人夫を以て工程を進むるを見て、其の感を深くしたることありき。埃及發掘の如きは氣候と費用との關係あらむも、毎年最良の季節二ヶ月の間發掘し、年々之を繼續するを方針とせり。

三三、發掘後の處置　發掘の作業中吾人は隨時必要なる寫眞測圖記錄を作成す可きは固よりなるも、發掘終了後は更に其の遺漏なきかを確めて、徐々土砂を以て之を埋沒し、原狀に復するを以て原則とすること、解剖の死體と同一なり。若し遺跡發掘の狀態を其の儘保存するの必要ある時は、近傍に散亂せる雜物を整頓し、土砂の崩壞を防ぎ、標木柵埒等の設備を講ず可きなり。殊に建築物の如きは、直に或る程度迄の修理を施行するを要す。羅馬のパラチノ丘の發掘の如く、建築物層々相重なる場合にありては、發掘は同時に修理を意味すると謂ふも不可なし。發掘者は往々發掘の終了と共に、後始末をなさずして其地を引上ることあり。是れ遺跡に對する吾人の道德的義務を怠るものと謂ふ可きなり。されば吾人は豫め復舊後始末に要する時日と費用とを、必ず發掘の豫定中に加へ置き、これまた發掘事業の一部分と見倣し置くこと肝要なりとす。

發掘中遺物存在の狀態、其の出現の光景等は、努めて多くの寫眞圖寫を試む可く、一度これに誤ある時は、吾人は再び回復す可からざる缺陷を其の報告に出來す可し。これに關して決して費用勞力の節減を思ふ可からず。復舊後の寫眞もまた之を撮影し置くを要す。發掘後の後始末を他人に托することは、努めて之を避く可く、發掘者自ら之を擔當す可し。何者他人は發掘者の如く責任を感ぜざればなり。發掘終了後少くとも一日其の地に滯在することは、凡ての後始末を遺漏なからしむる最良の機會を與ふるものなり。

五四、發掘の遺物は其の全部を携へ歸りて之を調査するを原則とす。發掘當時必要無しと認められしものも、後日之が必要を感ずること尠からざれば、費用と勞力を惜まざるの覺悟を以て成る可く全部之を携歸す可し。若し已むを得ず一部分を殘置し、或は搬出不可能のものあれば、之を遺跡の近傍に埋め置き、再び入用の際發見し易き樣なし置く可く、決して地上に散亂放置す可からず。殊に人骨の破片の如き、之を測定する能はざる程度のものは、古墳中に再び埋置し、相當の敬意を拂ふ可きなり。また遺物は一々之に發見地點番號等を記入し、之を根據地に携へ來り、荷造包藏して後ち、指定の場所に運搬せしむ可し。

發掘作業中注意の綿密は往々にして失はるゝを以て、當時必要を認めざりしものも後ち靜に之を檢査する時は、其の重要なる價値を發見することあり。また數量上の調査の爲には、遺物を分割して携歸するの最も不都合なるを見る。

我國に於いては古墳發掘後、神佛の祭式を營むことあり。これ良習慣と謂ふ可く、土地の人民人夫等之を希望するが如くば、神官僧侶を請じ之をなさしむ可し。

遺物の番號發見地點等は成る可く、墨汁、漆液等にて物品の適當なる部分に書き付く可し。附標《レベル》は往々にして脫落の恐れあるを以て注意す可し。埃及發掘財團のレベルは裏に"Keep this with object"「之を品物と共に保存せよ」と大字朱書せるものあり。また破損せる遺物は或る程度迄現場にて修理し置くこと保存上必要なれば、其の修理材料として常に石膏等の用意ある可きなり。

五五、荷造　荷造(packing)は遺物の種類と運搬の方法距離等によりて相違を生ず可しと雖も、其の要領とする所は、物品の保護す可き要處を注意し、之を保護す可く、荷物を運搬するもの及び、之を開くものは内容の如何なるものなるかを知らざる場合と雖も、安全なる可き條件を具ふ可きなり。而かも之を開裝する際には、可及的に之が荷造をなしたるものを以て擔當せしむ可し。容箱は其の地方々々にて有り合はせのものを求めたる場合と雖も、之に適當なる加工を怠る可からず。容箱と物品との空間は「つめ物」を節約することある可からず。また石、煉瓦の如き重量品と土器等の輕量品とを同一容箱に收む可からず。其他物品に應じ適當の處置を施す可く、荷造の如きは些事なりとし他人に任せ去る時は、折角の貴重なる資料を破壞し、九仭の功を一簣に缺くに至らしむることあるを思ふ可きなり。

容箱は本邦各地に於いてビール箱を以て堅牢なる有り合せ品とす。サイダー箱之に次ぐ。茶箱、素麺箱、石油箱は破壊し易きを以て注意を要す。

土器の荷造は尤も細心なる注意を要す、藁ヅトを以て之を繞らし、或は紙を以て水張りにする等は完全に近き方法なり。大小の土器を一箱に収むる場合は、別々の小箱に容れて後ち之を大箱に入る可し。つめ物は藁、鉋屑、モミ殻、新聞紙、wood-wool 等を豊富に使用す可し。新聞紙を大きく折りくるめて、つめ物に使用する時は彈力ありて頗る有效なり。また大なる土器石片等を外部より内部を透見し得る荷造をなす時は、却つて運搬中の危険を防止することあり。容箱等に適當なる撮み場所を附し置くことは、運搬中投げ出さるゝ等の心配を少くす可し。ペトリー氏は石材等の爲め擔荷様のものを考案したり。

第三章　調査の方法（一）

五六、調査の方法の種別　發掘せられたる遺物、遺跡及び偶然的に發見せられたる遺物等は、悉く其の儘學術の研究室に持ち來る能はざる場合多し。此等は比較研究の過程と、其の研究の結果の發表とに際して、吾人は各種の複製と記錄《レコード》を作成せざる可からず。此の調査の方法を大別して（一）寫眞、圖寫、模造等による器械的方法、（二）文書による記錄的方法の二となす。考古學は常に空間的外延を有する物質的資料を研究の對象とするを以て、是は時間的經過を記述するに適當なる言語文字のみによりて到底完全に記錄すること能はず。寫眞、圖畫等同じく空間的外延を有するものによりてのみ之を期し得可きなり。考古學の調査方法に於いて、吾人が特に此種の器械的方法を重用する所以玆に存す。

考古學の調査に於いて文書による記錄を主とし、其の足らざる所を寫眞圖畫等の器械的方法を使用せんとするは第一の誤謬なり。宜しく寫眞、圖畫等の及ばざる所を、文字を以て補足するの態度を取る可きなり。此の兩態度の差違は卽ち舊き考古學と新しき考古學との區別を生ずる所以なりと知る可し。（八五節參照）

五七、寫眞　器械に據る複製的記錄中最も重要なるを寫眞（photo-graphing）となす。ミハエリス氏が近世考古學進步の大原因の一として寫眞術を數へたるは洵に以あるなり。卽ち從來圖畫に依る複製以外に、其の精確の度を加へ、製作の速度を增し、而かも費用を節することと幾何なるを知らず。殊にコロタイプ其他の寫眞製版術の發明應用は、考古學報告書の體裁を一變し、遺物の比較研究、遺跡の狀態の保存に資し、斯學の普及に與りて力ある、考古學研究史上に一大革命を將來せりと言ふも敢て過言に非ず。吾人は發掘の作業中、其の刻々破滅せられつゝある遺跡の狀態を寫眞によりて保存し、日夕座右に具へて研究する能はざる遠地の遺物、巨大微少の資料は之を寫眞に撮影擴大縮小して、最も簡便に研究することを得可し。

寫眞機はレンズの良好なる(ツアイス、ゲルツ製等)を選む可しと雖も、特殊の建築物等を寫す場合の外、廣角レンズを用ゐる可からず。暗箱三脚等の類は發掘及探險的旅行に際しては特に頑丈なる木製のものを宜しとす。種板は硝子乾板を普通とするも、「カット、フイルム」の遞送運搬に輕量にして破損の憂なきに若かず。

寫眞の大さはカビネ形を最利便とす。これ以上の大形は撮影困難にして、專門の寫眞師以外のものゝ使用に適せず。コダックは時間乏しき旅行に際して多數に撮影する便あれば、普通暗箱と併せ携ふるを宜しとす。又たヴェスト、コダックの如き最小の器械は大形器械を容るゝ能はざる部分に之を裝置するの便あるを以て、妄りに排斥す可からず。紙片土器片其他小さき物品は、之を障壁等に固定するよりも俯瞰して撮影す可く、俯寫の裝置は最も大切なり。此の際細砂の上に物品を並べて之を寫す時は、物品の表面を均一の高さとし又た之を立たしむるに便多し。（上圖）

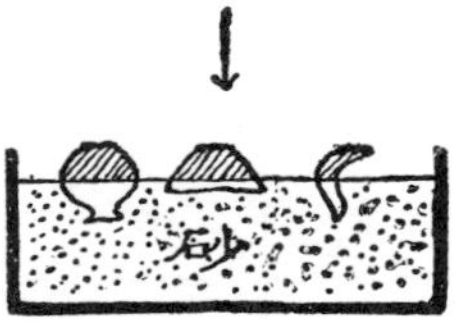

撮影に際して其の對象に適當なる化粧(dressing)を施すこと肝要なりとす。其の一は背景の色を物品と適當に按排することなり。二は陰刻せる記銘類は其の形質に應じて、白堊若しくは木炭末等を刻線中に磨り込み、或は細砂を振りかくる等の方法によりて、色彩のコントラストを強くすることなり。また發掘の際一の遺物出現せる狀態を寫す際には、其の周圍の煩雜物等を整除することを忘る可からず。此の際尺度を其の傍に置く時は縮尺を明にするを得可し。

繪畫文書等の外立體的物象は努めて陰影を強くする方、明瞭なる寫眞を得可く、太陽の直寫光線にて撮影するを可とする場合少なからず。其他普通寫眞に關する注意は之を述べず。近者氣球飛行機等により遺跡を俯瞰し、プランを浮彫的に示せる寫眞あり。最も面白し。然らざる迄も高處より俯觀せる寫眞を作ることを忘る可からず。一九〇〇年羅馬フォルム(Forum)の遺墟に於いて、此種の俯寫によりフォクス(Phocus)紀念柱附近の敷石上なる文字を始めて明に讀み得たりと云ふ。(Hülsen, Roman Forum. p. 149)

五六、拓本　寫眞は多くの場合に於いて對象物の縮小を來たす。之に反して細き陰刻、低き浮彫の繪畫文字等を原大に複製するの便法は拓本(rubbing)に若くは無し。是は支那に於いては少くとも唐代より存在し、今日に至りて非常なる發達を來せしが、西洋に於いては今なほ不完全なる域に止まれるは、紙質及墨汁の性質に由るなる可し。拓本は其の迅速と失敗なきことゝ、經濟的なるとにより寫眞を凌駕するものあり。また寫眞に於いては現出せざる銘文等を能く示現することありと雖も、正確其他の諸點に於いて缺くる所あるを普通とす。殊に脆弱なる物品を汚損又は毀傷する恐れあるを以て注意を要す。從來日本、支那の考古學者は單へに此の拓本法を重用せしも、吾人は今や拓本を寫眞の補助として用ゐるの程度たらしむ可き覺悟を要す。拓本にのみ依據する考古學は、畢竟舊式考古學の譏を免れざる可し。

從來釣鐘墨等を以て紙面を磨擦せる拓本法は不完全極まれり。今日行はるゝものに乾拓法と水拓法との二種あり。前者は後者よりも拓影の明瞭を缺くも、水拓に適せざる物品及迅速を要する場合に之を用ゆ可し。其法豫め用意せる油墨（クリーム狀）を布片につけ、指端を以て紙上より磨擦するに在り。紙は彈力ある薄美濃等を用ゆ可し。水拓法は紙を物品の上に濕しつけ、其の上より綿ブラシュ等を以て壓拓し、生乾きとなれる際、タンポに墨汁を附して表面より靜に打ち叩きて影像を造る。紙は物品の細粗大小等により唐紙、白紙、畫仙紙、綿紙等を用ゐ、墨汁の外黑印肉の精製せるものを使用するを便とす。タンポも物品の種類により大小精粗同じからず。また巨大なる物象は始めより紙を切りて之を拓ち、後ち連續せしむ可く、飯粒ピン絆創膏の類を以て紙隅を固定せしむるの用意なくんば野外風劇しき日に困難を感ず可し。また極寒の地に在りては水凍りて用をなさず、酒アルコホルの類を代り用ゆ可し。

五九、紙型、石膏型等　浮彫、陰刻の類はまた紙型 (paper squeeze)、封蠟、「モデリング、コムポヂション」(modeling composition) 粘土錫箔等によりて型を作り、之に石膏《ギプス》 (gypus, plaster of Paris) を溶入して複製を作るを得可く、殊に泉貨は此等の方法によつて作られたる模型より寫眞する時は、各箇均一の陰影を得るを以て、原物より撮影するよりも宜しと云ふ。また丸彫其他立體的の物品は、之を粘土、寒天、ゼラチン、石膏等によりて型を造り、之に石膏を溶入して其の模型を造る可し。吾人は寫眞撮撮等により立體的のものを平面として複製し得るのみなれば、同じく立體的の複製を造るには以上の方法に據る外なきなり。 また或る物品は之が縮少せる模型を造り、之によりて用法其他を研究する必要あり。 此等模造模型が博物館に於いて肝要なることは今更言ふを須たず。 要するに石膏は其の迅速に凝固し、加工に便なる點に於いて、其の經濟的なる點に於いて、考古學の研究室に在りては、須要缺く可からざるの材料なりとす。

紙型は濕れ紙を幾枚も物品の上に置きて、之をブラシュにて打ち且つ壓搾して造る可く、錫箔は之を綿にて壓し、石膏は豫め石鹸液を塗れる物品の上に流す可きなり。寒天にて立體的の物品の雛型を作るには、寒天に少しく蜜蠟を加ふれば堅き型を得可し。雌型に流入する石膏乳は容器中に水を入れ、石膏粉を上より篩に入れ沈澱せしめたる後、上に殘れる水だけを捨てたる程度を普通となす。其他石膏型の製造法等の詳細は煩雜に亙るを以て玆に細說せず。

第四章　調査の方法(二)

六〇、圖寫　寫眞は物體のレンズを通じて見ゆる形像を示すと雖も、常に遠近法《パースペクチーヴ》陰影等の支配を受くるを以て、其の物自身の形狀を寫せりと云ふを得ず。されば宜しく製圖(drawing)によりて其の必然の幻覺を除去したる形像を描出す可し。製圖は寫眞と共に相俟つて其の效用を擧ぐるものにして、其の一方を以て正確なりとし、他方を以て不正確なりと捨つ可きに非ず。殊に美術的作品に在りては吾人に實際見ゆる所の形像また重大なる價値あるものなればなり。故に此の兩者は常に相並用す可きものなるは言を須ゐず。また物件の寫生も亦頗る必要にして、是は寫眞の失敗、不完全を補足し、且つ其の天然的約束によりて撮影することを得ざる場處方向より寫すことを得。されば考古學者は美術的繪畫の能手たらずとするも、正確なる寫生見取圖(sketching)をなし、併せて製圖法による圖寫を作るの素養を要す可し。

圖寫の方法は從來寫生的のもの多かりしが、非美術的の物體等は之を製圖的に描くの精確にして、且つ簡易なるに若かず。小なる物品等は兩脚器を以て要處々々の寸法を測り、之を方眼紙上に寫す可し。堅き鉛筆の尖端を鋭くし、之を以て下圖を作り、後に墨入れをなす。輪廓を描くに輪廓描寫器《サイマグラフ》(cymagraph)等を用ゐることは、大なる物品等によりては便なるも、小なるものは鉛筆を以て其の周圍をトレースし、形像を描くも可なり。圖寫の場合に注意す可きことは、同一種類の遺物は常に同一比例によりて寫すことにして、ペトリー教授は土器は $\frac{1}{6}$、金屬の小器は $\frac{1}{2}$ に寫生するを便とせられたり。此の分數は常に簡單なるものを用ゐる、決して $\frac{3}{8}$、$\frac{4}{7}$ の如きものは用ゆ可からず。製圖の際には成る可く原大或は $\frac{1}{2}$ の圖を作り、之を圖版にする場合に寫眞を以て縮少す可し。かくせば製圖に容易にして、而かも圖版に美しき縮圖を得可きなり。

土器金屬器等の斷面圖復原圖等は之を別圖にすることなく、一圖の半部を斷面を以て現はし、或は假線を以て復原圖を示すを便とす。同一場所にて發見せられる小さき遺物を一括して圖上に目錄的に現はせるものを "Pictorial inventory" と云ふ。(Petrie,Methods and Aims. p. 70)

精細に過ぎたる製圖は却つて明確なる觀念を與へざることあり。適當なる抄略は常に正確なる圖面に於ける必要條件なりとす。

六二、**測量** 遺跡の平面を測量(surveying)により圖を作るには精粗種々あるも、吾人が野外の作業に於いて最も適當なる方法は、平面板(plnae table)及簡易測圖版(sketching board)の兩者を以て足れり。殊に前者は輕便にして且つ精確なる結果を得るに缺く可からざる測量術なるを以て、發掘的考古學者は必ず此の方法を心得るか、之を心得たる士を同伴す可し。之には平面板、同三脚、照準儀(alidade)の外數本のポールを要す。後者は單に測圖板と磁石及定尺を必要とするに過ぎず、長距離は步側を以て之を算出するなり。また高さの測定は照準儀とポールとを用ゐて之を測るの外、簡單に「ハンド、レベル」等を以てす可し。大凡測圖は遺跡の種類によりて必要なる諸點の測定を遺却すること無く、無用の諸點は努めて之を省略するに若かず。圖面の種類は平面圖の外、斷面圖等各必要ある可く、圖面は常に現場に於いて一先づ完成し置くに非ずんば、其の正確を期し難きに至らむ。

此等測圖法の實際は今玆に詳述するの暇なきも、其の縮尺は三百分一、六百分一、千二百分一等に作るを以て、測圖器械の約束より之を便となす。ポールは切斷して繼ぎ合す可く製作し置くを輕便とし、また隨時竹竿其他を以て代用するも可なり。

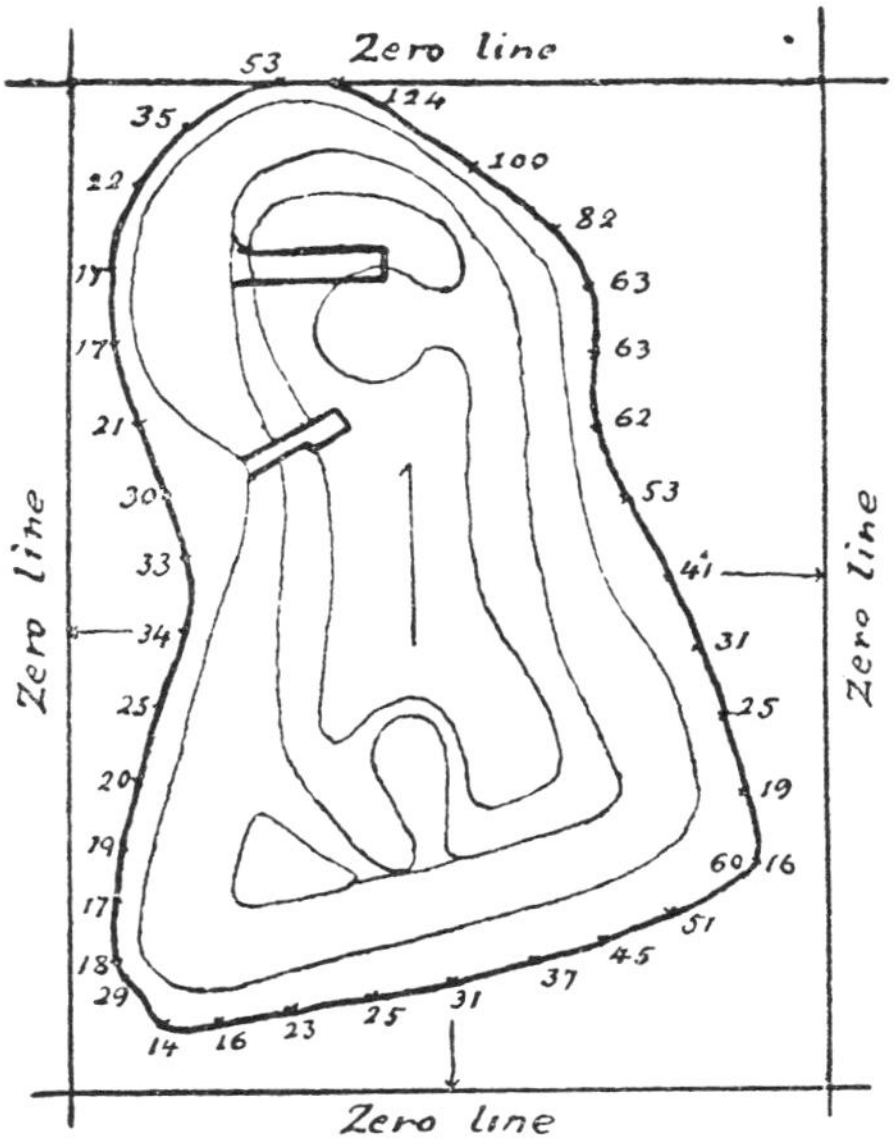

天塚古墳略測圖

建築物の遺址古墳等の全形を實測するには、二線或は以上の基線を設け、それより所要測定物の輪廓線に至る距離を測りて平面圖を作るを便とする場合あり。此の基線法によりて作れる圖面の一例は玆に之を示せり。

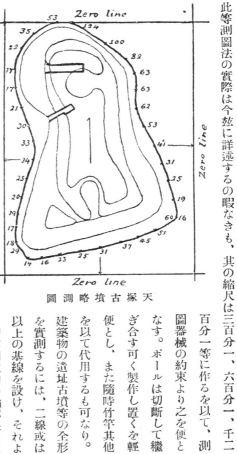

六三、**記録**　文字に依る記録(recording)は寫眞、圖寫等によりて爲し能はざる時間的經過をはじめ、調査觀察の際に於ける判斷見解等を記載するものにして、調査の當時明瞭に印象せられたることも、時間を經過して後は不正確となり、或は忘却すること多きを以て、決して自己の記憶力に恃む可からず。必ず文字を以て記録し置くことを要す。記録の範圍方法等は調査物の對象によりて固より同じからざるも、徒に詳密に亙るを貴しとせず、簡明正確にして要領を得るを主眼とす。如何なる事實が記録す可きものなるか等の判斷に至りては、學者頭腦の差によりて、自ら區別を生ず可きなり。

記録用の手帖は方眼紙を以て製したるもの、圖寫用にも適し便利なり。又綴込まざる「ルーズ、リーフ」のものは將來分類するに際して便なり。其の大さは洋服のポケットに入る可き大さを宜しとす。萬年筆を用ゐるは保存に都合よきも、圖寫スケッチの際に、描線の細太の外に濃淡を作ること能はず、此點に於いて鉛筆の優れるに若かず。記錄の要綱は遺跡遺物の種類によりて一定せず。此等は從來の出版物に於ける實例に就きて知る可く、發見地點、其狀態、寸法、色澤等は固より、寫眞圖寫の能くせざる諸點を主とす可きなり。

要之、調査の方法及性質の如何は、考古學者と弄古家との區別を生ずる所以にして、吾人は一切の科學的方法を以て、可及的に精細なる調査を行ひ、其の記錄を製するに努めざる可からず。以上述べたる方法の如きも、最も一般的のものゝ形骸を示したるに過ぎず。而かも之が應用は机上の空論に非ずして、實地の經驗によりて漸く習熟し得可きのみ。又遺物の性質によりては顯微鏡の使用、比重の測定其他の物理學的方法を應用するの要ある可く、更に材料の定性、定量の分析等化學的方法を使用すること亦必要なる可し。新しき考古學は畢竟古き材料を如何に新しき方法を以て取扱ふかに存し、必しも新奇なる材料を探求するの一途に出でざるなり。殊に化學的方法の應用は、近き將來に於いて考古學研究調査上に一新時期を劃するに至らしむ可きを豫想せしむ。（一二節參照）

第四編　研　究

第一章　資料の整理鑑別

三二、資料の蒐集　研究の第一歩は資料の蒐集より始まる。蒐集の手段は（一）學者自身の旅行探検或は發掘による第一次的のものと（二）既に博物館、社寺若しくは個人の間に聚集せられたる資料よりする第二次的のものと、（三）遺跡遺物の原物已に滅び、或は原物に就く能はざる理由によりて、寫眞圖書等の記錄よりする第三次的のものと別あり。探檢發掘に係る資料の研究にありても、之に關係ある一切の第二次的乃至第三次的資料を涉獵し、可及的に此等をも蒐集して其の參考に資す可く、其他の場合に於いては特に此等の資料を廣く蒐集して遺漏なきを期せざる可からず。然れども資料の蒐集は研究の第一歩のみ、決して第一義にはあらず。之に沒頭して飽くことを知らざれば、年月の推移と共に窮り無かる可く、たゞ必要なる資料、確實なる資料を如何にして限られたる時間中に蒐集するかと云ふ點に、學者の手腕存すと謂ふ可きなり。

歐米の如く考古學的資料の多數博物館等の公共團體の有に歸し、圖書館研究所の設備宜しきを得たる國に於いては、資料の蒐集に學者は多大の勞力を節約するを得可きに反し、我國の如き此等の設備未だ全からざる國に於いては、學者は先づ此の資料蒐集の爲に其の勞力の大部分を消費するに至る。而かも珍貴未公開の資料を祕密にして、之を誇とするもの往々にして是れあるは慨す可しとなす。

六四、**發掘資料の整理**　學者の探檢若しくは發掘によりて獲たる遺物は直に後章述ぶるが如き保存法を加へ、また適當なる程度の修理を施し、其の發見地點、共存伴出の狀態等に從つて各一群《グループ》となし、之が混雜を避く可し。世間往々遺物の種類により、骨董的價値の如何により、共存の遺物をも分割して顧みざるものあり、是れ誤れるの太しきものと謂ふ可し。何者此の共存遺物の種類を詳にすることは、時代を判定するに最も必要なる條件なること後に述ぶるが如きを以てなり。此の際完全なる遺物は固より、土器破片の如きも、最も重要なる意義を有するものなれば、決して之を粗略に取扱ふ可からず。

遺物の整理は絕對的に地方別、地點別に之を行ひ、もし多數ある時は其の一地方、一地點のものを終了して後他方に取りかゝる可し。然らざれば混亂を招く恐を生ず可し。發掘の儘將來せられたる遺物は之を水洗にし、或はブラッシュを以て泥土を取り去る可きも、其際泥土中に貴重なる小品の存すること少からざるを以て、決して之を無責任の輩に一任す可からず、發掘者宜しく監督するを要す。例へば大串博士、淸野博士が津雲貝塚にて發掘せる頭蓋骨を整理せる際、骨製耳飾を發見せるが如き其の一例なり。土器破片の如き不用の小破片と見ゆるものも之を遺棄す可からず。其の中に將來必要とするものを發見することにあればなり。

六五、**僞造と變造**　學者親ら遺跡に就きて發掘したる遺物に於いては其の必要を見ざるも、商賈より購入し、或は土人より蒐集したるものに在りては、吾人は先づ其の遺物の眞僞を鑑別するの必要あり。大なる土器等には僞物多からざるも、價格貴き小なる物品に向つては特に戒心を要す。僞物には全く新規に製作せるものと、眞物を模したるものとあり。前者は全く無智なる工匠等の造る所なるも、後者は其の原本ありて之を造るものなれば、之を知りつゝ資料として使用すれば、若干の學術的價値を有すと謂ふ可きなり。また僞造の一種に變造なるものあり。是は眞物の一部分に變化を加へ、故意に原狀を變じたるものにして、例へば器物に記銘を後刻し、或は缺損を修補せる等のものを云ふ。此の變造の遺物に於いても、また之を明にすれば、資料として價値是れ無しと謂ふ可からず。また發見地共存遺物等を僞れるものは、遺物其れ自身に何等の變形を來さざるも、一種の僞造品と云ふを得可し。

僞造變造の動機は多く營利にあるも、時には好奇を以て學者を欺かんとするものあり。本邦に於いても其の例少からざれど、歐洲に於ける實例はマンロー氏の書(Munro, Archaeology and Faulse Antiquity)に面白き記事あり。支那、埃及、伊太利等は古來僞造古物の尤も豐富なる地方なれば、此等諸地方の資料は特に注意を要す可し。支那古銅器の僞造法は「鐵網珊瑚」等に之を記せり。亦以て參考に供す可きなり。支那に於ては文字を貴ぶよりして、金石土器の古物に後より銘文を附加して、其の價を增さんと試みたるもの殊に多し。

六六、**鑑識**　僞造變造の遺物を眞品と鑑別することは、遺物の整理上に最も必要なる階段なるも、凡ての場合に於いて決して容易なるものに非ず。無智の僞造は其の有り得可からざる形質性狀を表現するを以て、學者は其の知識により直に之を識別し得可きも、模造變造の巧妙なるものに至りては、頗る微妙なる鑑識眼を要す。是には先づ其物品の傳來由緒を究め、製作の狀態を精査し、色澤、輕重、手法の精確模糊を明にし、之を既證の眞物と照合し、一々眞物たる條件に合するや否やを檢す可し。如何に巧妙なる僞造品と雖、何處にか辻褄の合はぬ點あり。之を熟覽精檢するに從ひ、合點の行かぬ處を感得す可きなり。此等鑑定の要領は古器物等の簡單なるものより、書畫等の美術品に至る迄、其の要領とする處は一なり。然れども鑑識の事たる單に知識の多少に關せざること少なからず。天賦熟達の士は鑑識の瞬間之と比照す可き範疇例品直に胸裏心眼に映出し、殆ど直覺的に之を判ずるに至る。言說も亦之を述ぶる能はざる場合多しとなす。

ヒタイト文字銀製品

僞物の應接に馴れたるものは往々にして眞物をも僞物として排するの弊なきに非ず。殊に比照す可き例品なき遺物を、斯の如きものは有り得べからずとして斥くるが如きは、尤も戒む可しとなす。彼のヒタイト文字と楔狀文字との對照記銘を有するTarcondamosの銀製品(上圖)を永久に逸し去れる大英

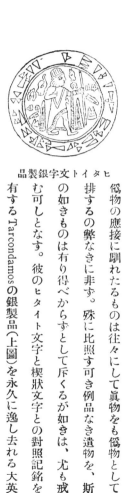

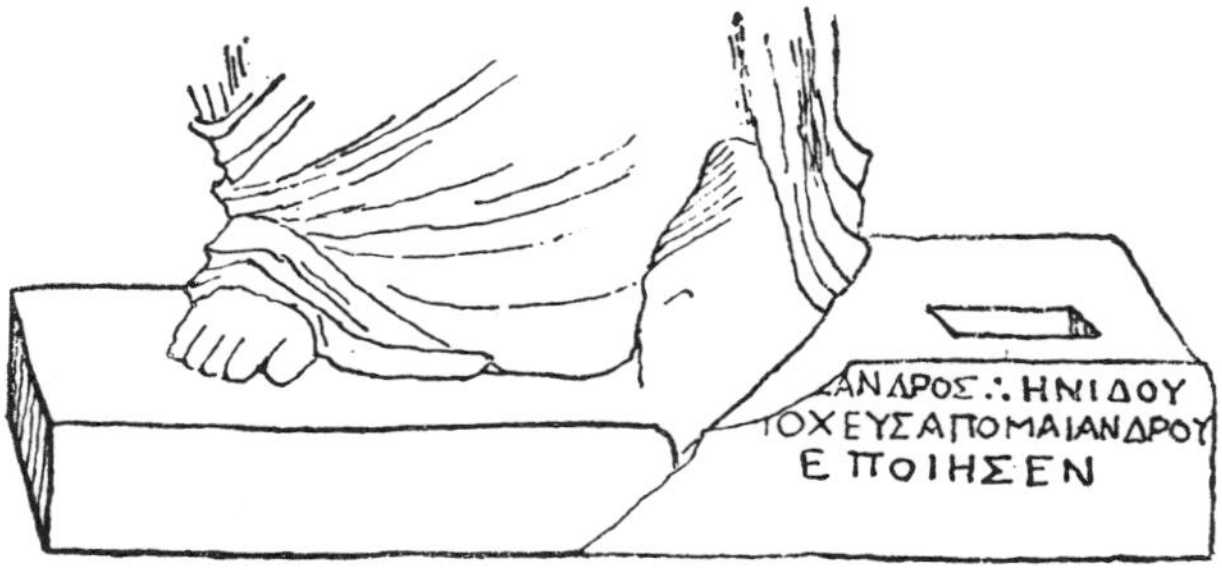

ミロのヴイナス像臺座（寫生圖）

博物館の如きは其の悲む可き一例なり。又學者が自己の定見學說より獨斷し、或は一樣の目的を以て眞物を疑ふが如きも戒む可し。彼の巴里ルーヴル博物館がミロ發見のヴエナス臺座の銘文を紛失せるが如きは、後者の場合たる嫌疑を免る可からず。（上圖）多賀城碑の如きも近來學者の說によれば地方的誇示の目的に本き僞造せられたるものなりとせらる。

僞造模造の遺物も眞物との對照比較に好資料たるを以て、此の目的の爲には之を蒐集す可し。希臘雅典の國立博物館には僞造の古物を一括して陳列し、旅客の比較研究と古物蒐集の注意を與へたるは面白し。各種類の遺物に關する眞僞の鑑定法は煩に亙るを以て今は之を述べず。

一〇七、遺物の等級　鑑識の事固より十全を期し難きのみならず、鑑識により眞物たりとせられたる遺物と雖も、之を學者自ら發掘の遺物と比較する時は、其の學術的價値に於いて大なる軒桎あり。故に學者は常に此間に嚴重なる區別を設くるを要す。今一般史學の資料に傚ひて、遺物の等級を附すれば大概左の如し。

(一)第一等遺物　考古學者自ら發掘し、發掘地點、共存遺物の明なるもの

(二)第二等遺物　發見地明確なるも、其他の狀態不明なるもの

(三)第三等遺物　發見地不明なるも、眞物たること疑なきもの

(四)等外遺物　眞僞不明なるもの

學者は其の研究に際して、常に第一等乃至第二等の遺物を資料と

し其の綜合分析を試む可く、第三等遺物の如きは單に參考に供するに過ぎざる可し。若し此等資料の區別をなさず、混淆して同一價値に取扱ひ、研究の歩を進むる時は、其の結果は全然科學的性質を失ふこと、正確なる文書記録と稗史小説類を同一價値の史料として取扱へる歷史家と一般たる可し。

六、「集成」の必要　考古學的資料の根本的整理は、遺物の集成(corpus)を作成するに在り。然るに從來の學者意を此處に用ゐるもの少く、吾人は新に發見せる遺物を從來發見の同種のものと比較するに際して常に無益なる檢索と照合とを餘義なくせらるゝこと、恰も完全なる目録《カタログ》を有せざる大圖書館に在るの思を禁ぜざらしむ。而かも年々歲々增加し行く遺物は其數莫大にして、此の「集成」を作り完全なる分類目錄(inventry)を編するに非ずんば、將來學者の研究は徒に無用なる勞力を、照合比較す可き既發見の遺物の檢索に空費せらるゝに至る可し。

歐洲に於いても此の「集成」若しくは圖入分類目錄の考古學的資料に試みられしは、遺物の一小部分に過ぎず。(記銘類の文獻的資料に關しては Corpus Inscriptorum Graecorum 等あり)たゞ佛のサルモン、レナック氏(Salmon Reinach)の編になる各種の「ルペルトア」(Repertoire)と稱するもの(希臘古陶繪畫、希臘羅馬浮彫、同彫像、近古繪畫、舊石器時代彫刻繪畫等)ペトリー教授の埃及古物の一部卽ち有史以前土器(Naquada, Diospolis Parva)武器及器具(Tools and Weapons)護符(Amulets)スカラップ(Scarabs)等は、各々其の方法を異にするも、其の學者を裨益する點に至りては相同じ。本邦に於ては各種考古學的資料の圖集等の發刊を見るも、眞の「聚成」は彌生式土器の一部等に試みられたるに過ぎず(京都帝國大學文學部考古學研究報告第三册)。吾人は本邦學者が自家の臆說を立するに急にして、這種學界の根本的事業に力を致すもの尠きを憾む。

ペトリー氏が埃及有史以前の土器に試みたる集成の分類は、吾人の參考とす可きもの多きを以て之を例示せんに、先づ凡ての土器を九種(class)に分類し、之にB、R、F、N等の大文字を附せり。是れBはBlack-topped RはRough-faced 土器を意味するが如し。次に此の各種を1—90に至る數字を以て、其の形式(type)を分ち、R_2 B_{10}の如くにし、更に其の變種(variety)を示すに、a b a 等の小字を以てせり。斯くて例へば R_6a と云へば Rough-faced 土器の第六形式 a 變種なるを意味す。此の形式の分類に於いては皿の如き開きたるものを先とし、壺の如くツボミたるものを後とす、數字は必ずしも連續せず。形式の差異著しき時は中間を缺落し置き將來の補入に俟つ。これ最も注意す可き點なり。斯くてペトリー氏は埃及有史以前の土器に於いて、形式變種を合して約一千の分類をなせり。(ペトリー氏前出書、及 Methods and Aims. p. 124 參照)

第二章　特殊的研究法

六九、**層位學的方法**　遺物の「集成」と「分類目錄」との作成は、考古學的資料の根本的整理なるが、考古學者の其の研究に際して特に應用する研究方法三あり。其一は發掘の資料に向つて用ゆ可きものにして、同時に考古學的研究法の最も直接且つ基礎的のものなり。之を層位的方法 (Stratigraphical method) と云ふ。是は地質學に於いて地史の研究に用ゐらるゝ方法と同一にして、遺物の發見せらるる層位の上下の關係よりして、該地層 (layer) が後世攪亂せられざる限は、同一地點に於いては下層のものは上層のものより古く、異りたる地點に於いても、其の連續せる層位、若しくは同一性質の層位より發見せられたる遺物は、同樣の關係を有するものなりとする原則によりて研究するを云ふ。これ同一空間を二個以上の物躰が占有する能はず、後より置かれたるものは、必ずや先に置かれたるもの丶上に來る可き公理より發足し、地表上に有機物其他の事情によりて構成せらる丶土壤は、同一比例を以て進行するに於いては、時間の經過大なるに從ひて其の厚さを增すの事實を基礎とするものなり。然れども同一比例を以て土壤の構成せられざる場合に、層位の同一深さは、必しも同一時間の經過を意味するものに非ず。上下の關係に於いてたゞ時間的經過の前後を示すに過ぎざるなり。また物體が自然的に置かれざる場合は、全く此の原則を破るものあるを以て、學者は常に遺物が其の層位に存在する狀態に就きて、精細なる注意を要す。

此處に所謂層位とは、地質學上の地層（strata）の義と必しも同一ならず。一の沖積層中に於いて多少構成を異にする場合は、悉く之を別箇の層(layer)位に在りと云ふ。例へば羅馬のフォルムのコミチョ(Comizio)の地點に於いては、地表下四米突間に、約廿三の異れる層序を認めらる。(Boni, Il Methodo nell' Esporazioni Archeologiche.) 近年我國に於いて發見せられたる越中氷見の洞穴に於いては約六層を數へ、人骨其他の遺物各層に包含せられ(柴田常惠君の報告に據る)、陸前松島宮戸島の人骨發見遺跡に於いては、約十層を數ふ可しと云へり。(長谷部言人君の言に從ふ)薩摩指宿の先史遺跡に在りては、火山噴出物の推積約十五尺間に於いて、少くとも四箇の層位を分つ可く、上より第三層中より彌生式土器祝部土器石器を見、第四層の下には繩紋式土器を發見せり。又た上下兩層に於いて遺物を存せざる地點に在りても、相當する層位に於いて各別種の土器を包有する關係は、前記の場合に相同じきを三四ヶ所に於いて認めにり。(京都帝國大學考古學研究部報告第六册)層位的研究の卑近なる説明は、マレット氏の著に面白く述べられたるものあり。(Marett, Anthropology. Chap. II.)

層位的研究は一遺跡に於いて、單に一地點に於ける事例に止まらず、多くの地點に於ける例證を重ぬるに從ひて、層位の深さ其他に於ける特殊の變差を取り去りて、遺物の新古順序考定の確實性を增加す可きなり。なほ此の順序を實年代に擬定することに就きては、後章論ずる所あらむ。

七、**型式學的方法**　考古學的研究に於ける直接基礎的の方法たる層位的研究を試むる能はざる場合に於いて、吾人の用ゆる方法の一は型式學的方法(Typological method)なり。是は人類の製作品は生物界の現象と同じく、一の新しき型式(type)は必ずや古き型式より變化し來れるものにして、年月と共に單簡自然的のものより、複雜人爲的のものとなると云ふ進化論的原則より出發するものなり。此の方法により吾人は一の型式と他の型式との先後を相對的に推定することを得。固より型式の發展は、物品の種類により其の遲速を異にし、或は時に退歩墮落の傾向を取ることあり。新しき型式に於いて、或は其の以前のものに比して簡單なるが如く見ゆるものあり。然れどもそは外見に止まり、根本的のものに非ず、或は一方面に止まりて、他の方面に於いては洗練進歩の傾向を認め得可し。型式學的研究に於いて、簡單なるものより複雜なるものに至る順序を定むることは、比較的困難ならざるも、其の順序を實年代に擬定する方向に於いて、屢々反對なる結果を生ずることあるを戒心す可きなり。型式の最簡最古なるを原型式(prototype)と名く。

型式學的研究は遺物の形狀裝飾の紋樣等に於いて之を試むることを得。其の最好の實例として、モンテリウス氏が伊太利發見の留針(Fibulae)及銅斧(Broze-Axte)に於いて試み、型式學的方法を詳論したるものを擧ぐ可く (Montelius, Die Aelteren Kulturperioden &c. I. Die Methode)之を紋樣の上に試みたるものとしては、グッドイヤー氏の蓮花紋研究(Goodyear, Grammer of Lotus)ムート氏の支那古銅器の動物紋(Muth, Stilprinzipien der primitiven Tier-Ornamentik bei Chinesen und Germanen)等に試みたるもの、吾人の參考とするに足る。本邦學者間に於いても型式分類を各種遺物に行へるものあれど、單なる人爲的分類に止まれるもの尠からざるを見る。是は說明記述に多少の便宜を與ふる外、學術的價値少し。

型式の順序先後を定むるに際して注意す可きは、博物學者が生物の形態に於いて認むる所謂「ルヂメント型」(Rudimental form)を發見することなり。是は嘗ては一の機能《フワンクション》を有せし部分が、後ち其の意義を失ひて唯だ痕迹を止むるものを云ふ。一の遺物の部分に於いて此のルヂメント型を存するものは、其の實用をなせる部分を有するものよりも後型に屬し、同じルヂメント型に於いても、其の簡單となれるもの最新型式に屬するを見る。 卽ち此のルヂメント型の研究は、型式の退歩逆行的過程の研究に他ならず。

例へば祝部土器の一種中提瓶の環耳を有するものは、實用をなせる部分なるも、鈎耳より更に瘤耳に至りては、ルヂメント型として存するのみ。(高橋氏考古學、七八頁參照)また同土器中皮袋の縫目を現はせるもの〻如き、亦一のルヂメントと稱す可し。(左圖上)

皮袋形土器

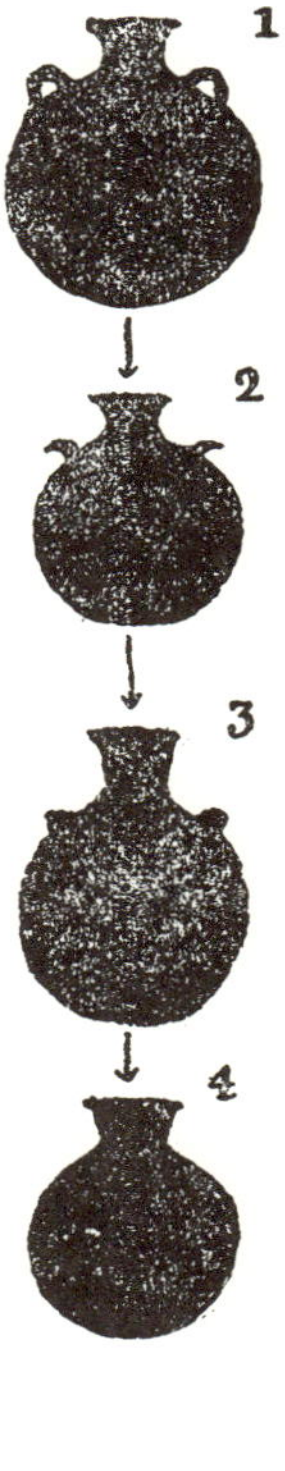

提瓶(1 環耳、2 鈎耳、3 瘤耳、4 無耳)

七、　共存關係　一遺物の先後を型式學的に順序するも、此の假定は未だ安全なりと言ふを得ず。　單に型式としての先後を示すに過ぎず。　相對的年代の新古を推定するには吾人は更に該遺物と共存(co-existence)する他遺物の型式學的順序が、之と並行するや否やを検せざる可からず。　而して此の並行的事實(parallelism)が多數なるに從つて、漸く安全性を增加するを見る。　卽ち型式學的配列の推定は、寧ろ其の性質橫的なるに、此の共存關係に於ける並行的事實を究むるに從ひて、縱的卽ち時間的先後を示すものとなるなり。また或る種の遺物は型式學的順序を立し難き場合と雖も、此の並行的事實によりて、型式の先後の順序を推定し得可し。　卽ち一種の遺物の型式學的に順序せられたるものを、A B C D E とし他の

共存遺物の型式的順序の不明なるものを a b c d e とする時、其の相互の關係が次の如く、

(I)
A—a
B—b
C—c
D—d
E—e

(II)
A—a
B
C—b
D—c
E—e

中間或は缺落あるも、錯倒なき並行を重ぬること數多きに從つて、其の確實性を增す可く、若し此の並行に於いて、

(III)
A
B—b
C—a
D—d
E—c

(IV)
A—b
B—c
C—a
D—e
E—d

の如き錯倒あらば、其の何れかの型式順序の設定に誤謬あるを示すものなり。

共存關係を明にす可き絶好の材料は、モンテリウス氏の所謂「フンド」と呼べる一群の遺

物なり（一七節參照）。又モンテリウス氏は前記並行正列が單に一度なる時は、是れ徵迹(Andeutung)に過ぎず、三十回に近くして眞實らしく(Wahrscheinlichkeit)それ以上に至りて始めて確實(Gewissheit)と云ふを得可しとせり。(モ氏前出書)而かも考古學研究の實際に於いて、斯く多數の並行的事實を見出すこと難きを常とすれば、其の推定が到底眞實らしきもの以上を出ずること能はざること多きを覺悟せざる可からず。

型式學的研究は器物の形狀紋樣等の單簡なるものに於いて、其の研究容易にして、且つ適切なる結果を得可きも、型式の複雜なる結合よりなる美術的作品に於ける樣式(style)に至りては、作者の個人性其他の要素加はり、其の研究の困難一層なるを見る。

樣式とは元來希臘語の「スチュロス」(柱)の義にして、建築の柱の樣式を意味せしが後ち他にも轉用するに至れるなり。今日吾人が考古學上に於いて、樣式《スチル》とは一の美術作品に於いて、視識し得可き多くの形式《フォルム》の總括的外觀を云ふ。("Die Gesamterscheinung der sichtbaren Formen eines Kunstwerkes"—Bulle)。其の形式中重なるものは材料(material)手法(technique)及び狹義の形式(form)等なり。

三、土俗學的方法　古代の遺物が其の用途不明なるか、其の製作の方法明かならざる場合等に於いて、之を類推比較の方法により說明することあり。而かも考古學の硏究に於いては、現今同一文化程度にある民族間に於ける土俗品中に、其の比較資料を發見し、之が解釋の鍵鑰を發見すること多く、同一器具技術を有する現存民族中に、其の使用方法の實際を髣髴するを得可し。又同一民族間に在りても、一地方に於いて旣に絕滅せる考古學的器具或は其の用途が、他の地方に於いてはなほ土俗品として殘存する場合あり。此等の方法によりて硏究するを稱して土俗學的方法(Ethnographical method)と云ふ。　卽ち同一境遇、同一文化の程度にある人類は、同一若しくは類似の技術を有し、若しくは器具を使用すとの推定より、發足するものにして、吾人は此の方法の應用に於いて、人類學土俗學上の知識を借り、此等諸學の協力に俟つこと最も大なるを見る。（一四節參照）

例へば我が古墳發見の勾玉の起源を、現今未開野蠻の民族間に於ける狩獵の際の風習より、其の獲物たる獸類の牙齒を懸垂せることに歸するが如き、また古代石器の製作法を現今の野蠻民族中に遺存するものより之を研究するが如き是れなり。特に北米合衆國の人種學者（例へば Holms 氏）は亞米利加印度人の土俗を研究して、古代土器石器の製作其他の研究に資せるもの多しとなす。此の點に於いて現時の野蠻人は「現代に於ける古代民族」の代表者と云ふを得可し。各種の技術裝飾等に關して、土俗學的若しくは人類學的研究を試み、吾人に多大の教訓を與ふるものは、グローセ氏「藝術の始源」（Grosse,

Die Anfänge der Kunst. 安藤弘氏邦譯)及び、ハッドン氏「技術の進化」(Haddon, Evolution in Art)の外、バルフォーア氏、ヒルン氏等の著(Balfour, Evolution of Decorative Art; Hirn, Origin of Art)等あり。

また一地方に於いて古代の技術の遺存する例は、古代の土器製作術が最近まで山城國愛宕郡岩倉村幡枝に於ける加茂社祭器の製作に残れるが如き其の一あり。なほ舊石器時代人民の技術生活狀態を現存野蠻人に比較研究したる好例に、ソーラス氏の著あり。(Sollas, Ancient Hunters and heir Modern Representatives)

以上考古學的研究の特殊方法として層位學的、型式學的、及び土俗學的の三方法を擧げたるは、佛の學者「デシュレット(Déchelette)氏の唱道する所に據る。氏は此等に就きて詳述する所無かりしも、從來各學者により別々に說かれたる以上の諸方法を、先史考古學の三方法として明言せるは特に推服す可しとなす。(Déchelette, Manuel d' archéologie. Tom. I. § 2)

第三章　時代の決定

三三、相對的年代と絕對的年代　考古學的研究に於いて最も重要にして、且つ殆ど最終の目的とせらるゝものは、其の資料の時代決定(Dating, Zeitbestimmung)なり。嚮に述べたる層位的方法、型式學的方法の如きも、畢竟此の最終目的の爲めに使用せらるゝものに外ならず。考古學的研究方法の最終の目的は資料の時代決定にあれど、考古學的研究方法に據る一々の學術的目的は時代決定にありと云ふにはあらず。各々の學術に從つて各別種の目的を有す可きは論を俟たず。さて時代に相對的年代(Relative chronology)と絕對的年代或は實時代(Absolute chronology)の二別あり。前者は各遺物間に於ける新古先後の關係を示すものにして、其の決定は層位的研究、又は型式學的研究によりて之を明にす可きも、其の間に何等精確なる時間的標準無く、今より何年以前に屬するか等に就きて語る所なし。絶對年代は之に反して新古の順序以上に、今より何年以前なるかを、紀年によりて明にするものを言ふ。以下時代の決定に就きて述ぶる所は、卽ち此の絶對的年代に關するものに他ならず

考古學上時代の決定に際して、實年代と雖も何年と云ふ確數を擧ぐることは、困難なる場合を普通とす。或は文化的時代(奈良朝平安朝の如き)或は紀元何世紀の如き大なる年數の單位によりて之を決定すること屢々あり。我邦の考古學研究に於いては、之を支那、其他諸國のそれとの比較上、西暦世紀を以て言ひ現はすを便とす。

六四、假數年代　絶對的年代を明にすること能はざる遺物に對して、妄に推測を試み實年代を數字によりて現はすは、考古學者の尤も戒心す可きことに屬す。而かも新古の順序を示す可き相對的年代が、層位の深さ其他によりて或る長短の比例を推定するに難からざることあり。ペトリー教授は此の場合に一より百までの假數を以て劃するの法を唱道せり。これを假數年代(Sequence date)と云ふ。餘りに理論的に亙り、廣く用ゐられざるも、また以て相對的年代を紀するの一法たるを失はず。其他の場合は前後中の三期に分ち、更に各期を前後中の三小期に劃する所謂「三分法」を用ふるを常とす。蓋し一形式の發生の初期と、其の發達の終と、其の最盛期とを意味するなり。

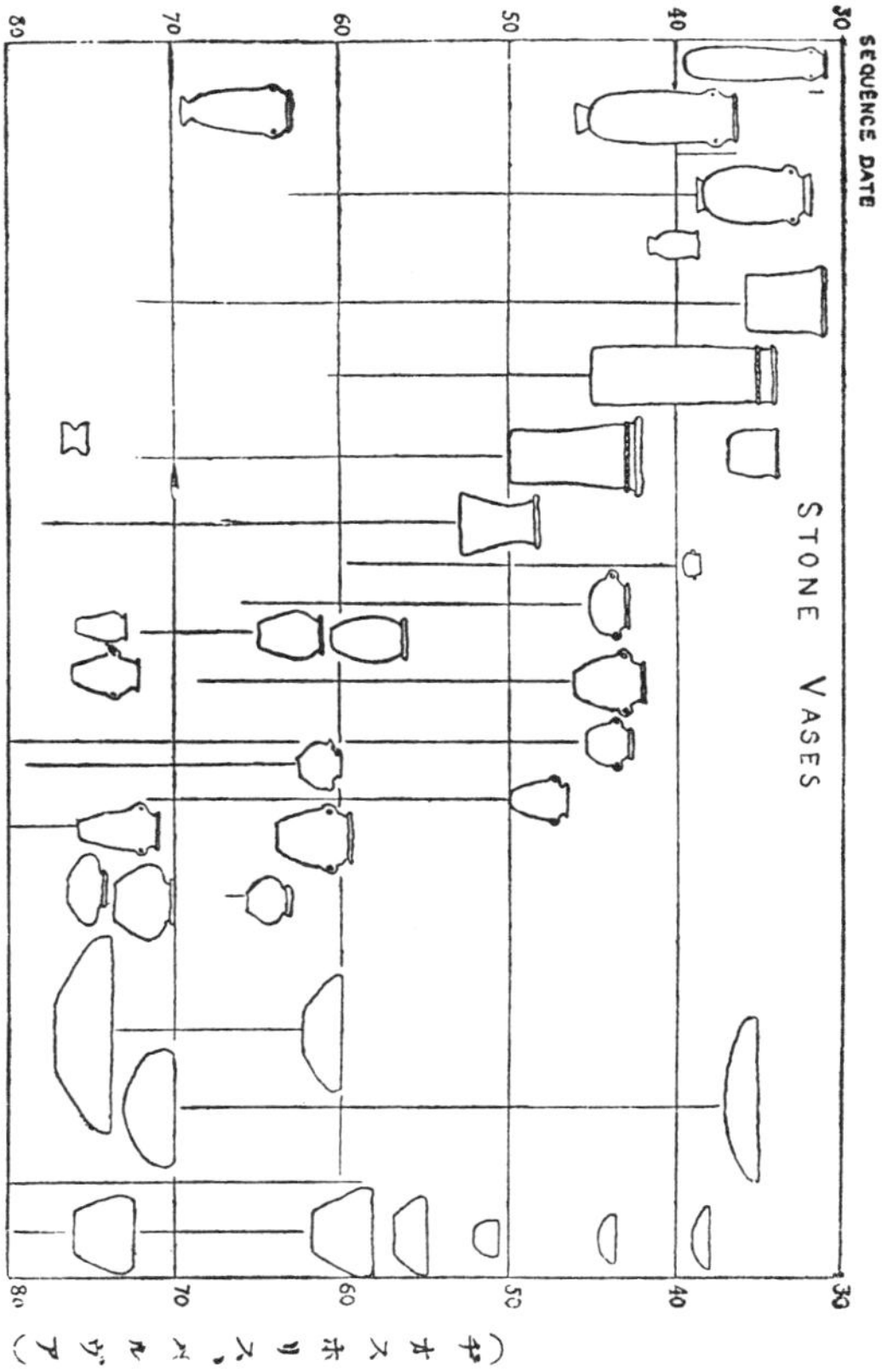

ペトリー氏假數年代ダイアグラム(埃及石容器)

ペトリー氏の假數年代の實例を擧げんに、埃及有史以前の時期を示すに、

黑赤土器（Black & Red pottery）30—

黃赤土器（Buff & Red pottery）45—50

銅の使用（Use of Copper）50—

の如く、實際に於いては、三十より八十迄の數字を以てし、缺落せる首尾の數字は後日發見の場合に備ふるなり。ペトリー氏が此の假數年代を用ゐて現はせるダイアグラムを上圖に例示せり。(Petrie, Diospolis Paruva.) 前後三期に分ち、更に各期を三小分する法を使用せる著例は、エヴァンス氏のクリート島有史以前の研究に於いて之を見る。即ちミノス初期(Early Minoan 略字 E.M.)ミノス中期(Middle Minoan, M.M.)ミノス後期(Late Minoan L.M.)の三期に分ち、再び I II III の數字を以て小分せること次の如し。

E.M. I.	M.M. I.（2200—2000）	L.M. I.（1600—1500）
E.M. II.	M.M. II.（2000—1850）	L.M. II.（1500—1350）
E.M. III.	M.M. III.（1850—1600）	L.M. III.（1350—）

但しエヴァンス氏は、埃及王朝の年代等と比較して、各時期中括弧内の如き實年代の約數を配定せり。(Hawes, Crete, Forerunner of Greece, p.18, Evans, Essai de Classification des Epoques de la Civilization Minoenne)

㈤、記銘文献に據る年代決定　絶對的年代決定の最も確實なる場合は、遺物其者に記銘ありて實年代を語るもの、及び該遺物の年代を確實なる文献によりて之を證することを得る時を以て第一となす。前者に於いては記銘其者が果して當初より存するものなるや否やを確むるを要す可く、後者に於いては其の文献の確實性を明かにせざる可からず。此類の記銘に往々僞造後刻あり、文献の價値また一なるざるを以てなり。また記銘ありと雖も、年代を紀すること無く、單に字體文章の體裁を以て時代を推知する場合は、是れ一種の様式學的方法に近きものなるを以て、其の決定の妥當性は自ら相同じからざるを知る可きなり。

例へば希臘アゼンスの墓碑中、デキシレオス(Dexileos)のそれは、碑の基底に存する記銘によりて、アルコン、エウブリデスの時(西紀前三九四)なるを明にす可く、我が法隆寺金堂藥師像が其の背銘によりて、推古天皇十五年のものたるを知るが如きは、遺物其れ自身の記銘が實年代を語るものゝ例なり。また法隆寺五重塔内塑像が、天平十九年の流記資財帳の記事によりて、和銅四年のものたるを明にするが如きは、確實なる記錄に本く時代決定の一例なり。

六、遺物の存在場所に據る年代決定　遺物其者に記銘無く、之に關する文献の記載を存せざるも、遺物存在の場所の時代が、文献記錄其他の證據によりて明かにせられたる場合に、其の場所、其の地層より發見せる遺物を以て、其の場所の年代に當て嵌むることを得可し。是れ卽ち層位學的研究結果を文献と照合する場合の一に外ならず。勿論此の際該地點層位の年代決定に何等の異論なく、遺物が始より該處に存在して、毫も攪亂せられざるものなることを要す。共存遺物が年代決定に最も有力にして而かも單簡なる場合は、記銘ある貨幣の伴出なり。

希臘アゼンスのアクロポリスは紀元前四八八年波斯人の爲に其の建築物を破壞せられたるを以て、其の破殘物は之を埋めて地均しの爲に用ゐ、其上にペリクレス時代の諸建築建てらる。此の破殘物より成る地層を「波斯人層」(Persersschutt)と名く。されば此の層中の遺物は悉く四八八年以前のものたるや明なり。先年雅典考古學會之を發掘して、ペリクレス以前の古朴なる樣式の彫刻多數を出し、また赤繪手古瓶の破片を獲たり。斯くて赤繪手の手法已に當時に存することを證し、舊來の學說を覆せり。(Michaelis, Die archäolog. Entdeckungen. pp.204—211)、埃及カフン(Kahun)の遺跡はスカラップの文字等によりて、第十二王朝ウセルテゼン二世の時に屬することを明にしたるを以て、此の地より發見の遺物は、其の時代以前のものたるを證す可く、ペトリー教授が發見せしエーゲ風土器（後にカマレス土器と名く）は紀元前二〇〇〇年頃のものなるを推知するを得たり。（Petrie, Kahun）斯の如く埃及の遺物との對比により、クリート島ミノス時代の各層位の年數を略ぼ明にしたるなり。（七四節參照）なほ各層位の詳細なる對比に就きては、エヴアンス氏の著（前出）を見よ。また奈良大安寺の境內に存する前方後圓の古墳は天平十九年の資財帳及古圖により、また奠都以來斯の如き墳墓を京城內に營むことを得ざりしを以て、少くとも其の存在位置よりして奈良朝以前のものたるを知る可きが如き、此種時代決定の一例なり。

また層位の或者の實年代を知り得る場合は、其の層位以外の遺物と雖も、其の推積物の深さ等によりて、實年代の大數を推定することを得可し。

羅馬のカムプス、マルチウス(Campus Martius)にて發見の一オベリスクは、其の基臺は大體磨滅なきも、柱身は却て甚しく磨損し、或は修理の痕あり。是れ基壇の部分が、其の周圍に構成せられし土壤に埋沒せられし後も、柱身なほ地上に聳立して風水に化せられ、また倒壞を慮りて修繕せられし

カムプス、マルチウス
のオベリスク

ものに外ならず。基臺の高約十尺あり、現時の地表はマルチウスの原地表面より約二十尺の上にあるを以て(其間經年約二千年)此のオベリスクの倒れたるは 約千年以前の頃なるを推知す可し。(Lanciani, Destruction of Ancient Rome. p.172)またクリート島クノソスに於けるミノス時代の層の厚さ十七呎あり。其下に新石器時代の層二十呎乃至廿六呎あるを見る。而してミノス時代の層は埃及遺物により略年代を明にす可きを以て、今ま之と同比例を以て新石器時代の層も出來たりと假定せんか、約一二〇〇〇乃至一四〇

○○年の古さを推測す可し。（エヴァンス氏に據る）

七、型式樣式に據る時代決定　是れ考古學者の屢〻應用する所の時代決定の方法なるも、其の確實性に至りては必しも一ならず。型式學的方法に據り、型式の先後を順序することに就いては已に之を述べたるが、型式の複雑なる結合によりて生ぜる樣式《スタイル》に至りては、其の相對的年代を知ることすら甚だ容易ならざるものあり。たゞ或る型式、或る樣式が層位學的に、若しくは記銘文献等に依りて、絕對年代を明にし得たる場合は、之と同性質の近似型式又は樣式を有するものを以て、同一時代、同一作者、又は近似の程度により接近したる時代、若しくは同一流派に屬するものなりとなすを得可し。即ち此の點に於いては類推法《アナロヂー》の一種たるや言ふを俟たず。

また型式學的順列中の一點が、斯る方法を以て其の實時代推定せらるれば、其の前後のものまた自ら實年代の約數を知るを得可きなり。然れども此の方法に於いては、已に比較の基礎となる可きもの〻絶對年代決定が、若干の安全性を缺ける上に、型式學的新古順序の配列上にも同樣の不安を伴ふを以て、其の兩方法の結合とも云ふ可き此の方法の應用は、二種の危險《リスク》を伴へるものなることを知らざる可からず。

遺物の型式學的順序を推定せるものと雖も、共存關係に於いて他の遺物との並行的事實を究め、其の多數の例證を得たるものに非ざれば、假令其の内一點が時代推定の便あるも、直に其の先後の配列中にあるもの〻、時代の新古を擬定するは危險なり。何者型式的に先後の別あるも同一時代に存在することある可ければなり。多くの考古學者の危險なる推論は、此の點より出發するもの多しとなす。（七一節參照）若し之を時間的先後に配列するも、そは全く假定的のものなるを考慮中に置かざる可からず。例へば前に擧げたる祝部土器中提瓶の耳を、環耳より鈎耳、瘤耳と順序するは、單なる型式學的の横的配列に過ぎず。未だ他の遺物との共存關係を明にせざれば、其の配列時間的縱的となり居らず。されば假令其の一の實時代を推定し得たりと雖も、他のものが其の時代に於いて、それよりも古く、或は新しとは言ふ能はず。否な共存關係に於いても此の場合には同一時代に存在することを證し得可きなり。

六、絶對年代決定の可能と不可能　絶對年代の實數は已に述べたるが如く、凡て記銘其他の文獻的資料が一方に存する場合に於いてのみ、之を層位學的、型式學的等の研究の結果と照合して知り得可きものなれば、文献的資料全く缺如せる場合に於いては、固より之を明にすること能はざるや言ふを俟たず。但し文献的資料は直接に存せずとも、間接に之を存する場合は、絶對年代もまた間接に推定するを得可し。例へば一國に於いて文献を缺くも、之と關係ある他國に於いて、文献を以て確證せらる可き遺物あらば、其の伴出關係によりて時代を決定すること必しも不可能にあらざるなり。

我が石器時代若しくは金石併用時代の年代は、我國に文献を缺くも近時筑前丹波等の遺跡より發見せる王莽の貨泉によりて、其の絶對年代推定の一資料を得たり。また我が古墳の年代も、また記銘ある支那鏡の存在によりて之を推測し得るに庶幾し。卽ち他國の遺物によりて間接に決定し得る場合の一例なり。クリート島の遺物もまた埃及の遺物の伴存により、其の年代の一般を知る可し。(七四、七六節) 之に反し米國に於ける歐人侵入以前の遺物遺跡は全く文献を缺き、また之を有する外國との交渉なきを以て、絶對年代の決定は普通の意味に於いて殆ど不可能なりと言ふ可し。

日蝕其他天文學上の現象の記されたる場合、磁石の偏位を明にし得たる場合の如きは、建築物の建立年代の大數を測知し得可きは理論上可能なり。而かも此等の場合と雖も、間接に文献的資料の援助を受くるものに外ならず。但し嚴密に云はゞ如何なる遺物も間接に文献的資料と關係あらざるは無く、從て絶對年代もまた或る漠然たる程度を以ては云ひ得可きなり。

第四章　考古學と文献

九、文献の價値　先史考古學、殊に舊石器時代の研究の如きに至りては、文献的資料との交渉殆どこれ無きを以て、(考古學的文献の謂に非ず)主として人種學的方法等を以て研究する外あらざれども、原史時代以後殊に歴史時代の考古學的研究に於いては、已に前章述べたるが如く、絶對年代決定の場合の如きは、全く文献的資料との提携によりて之を期待し得可きものなれば、考古學者は物質的資料の研究者たりと雖も、決して文献的資料を排斥若しくは輕視し得可きに非ざるなり。　否な此の兩方面の研究は車の兩輪の如く、相倚り相携へて、文化科學の研究に副ふ可きものなり。（五、一五節參照）されば彼のミハエリス氏が「主として主觀的要素より成れる樣式論の盛なるに從ひ、文献學的金石學的研究の助を借り、其の節制を受くる必要を生じ、また之によりて堅實の度を増すに至る可し」と云ひ、ブーレ氏が「文献的基礎無くしては、考古學は殆ど一歩をも進むること能はず」と叫べるは、歴史時代の考古學に於いて全く中れるを覺ゆ。

前掲ミハエリス氏の言（"Diese Hilfe und Kontrolle einer methodisch gefestigten Disziplin, wie es Philologie und Epigraphie sind, erweisen sich als der Archäologie desto heilsamer und unentbehrlicher, je mehr bei der blossen Stilbetrachtung, wie schon oben bemerkt ward, das subjektive Moment eine entscheidende Rolle spielt."—Michaelis, Die Arch. Entdeck. p. 290)なほ同氏の書中考古學と文献との關係を説けるものあるを參考す可し。(前出書、第十一章)またブーレ氏の言("Die klassische Philologie ist die mütterliche ältere Schwester, in deren Schutz die Archäologie gross geworden ist. Aber jetzige Selbständigkeit bedeutet keineswegs eine Trennung, sondern die Schwestern leben sozusagen in gemeinsamen Haushalt. Ohne philologische Grundlage kann der Archäologie keinen Schritt tun."—Bulle, Handb. d. Arch. p. 77)に「希臘羅馬の文献學は考古學を育てゝ成長せしめし母の如き姉なり。今日の獨立は決して兩者の分離を意味するに非ず。姉妹同居して共同生活をなすものと謂ふ可し」(以下己譯)とあるを味ふ可し。

八〇、　**文献の種類**　文献は然れども其の種類によりて價値を異にし、根本史料たる同時代の文書記錄と、後世の編纂物或は稗史小說の類とは、固より其の價値脊壤の差ありて存す。故に考古學者が文献を利用する際にも、先づ文献の性質を批判し、根本史料として價値あるものを以て、絶對年代決定等の材料となす可きなり。若し斯る資料無くして、後世の編纂物等を有するのみなる時は、之を使用して決定せる絶對年代また其の確實性に缺くる所大なる可し。されば考古學者は必ずや歴史研究法に關する充分なる知識を有すること、歴史家が考古學に於けるものと同樣たらざる可からず。

歴史研究法にラングロア及セイニョボ氏(Langolois & Seignobos)ベルンハイム氏(Bernheim)等の著書あり。然れども邦文の著作として文學博士坪井九馬三氏の「史學研究法」を以て最も權威あるものとなす可し。歴史的文献資料の種類と其の價値の區別に就きては、同書を參照せよ。

八、文献と遺物との衝突　遺物其れ自身に記銘を存する場合の外、考古學者の研究は、先づ自己の發掘に係る遺物に據り、層位學的方法を以て相對的年代を決定し、或は蒐集したる資料に本き、型式學的方法を以て型式、樣式の順列を作る可く、此の間敢て文献的資料の援助を借ることを要せず、(考古學的文献を除く)たゞ純粹に物質的資料に據る研究を遂行す可し。而して其の相對的年代の決定終り、型式順列の推定せらるに至つて、始めて之を他の文献的資料に據れる研究の結果と、適合するや否やを檢查す可し。若し其の適合するを見る場合は、考古學的、文献學的研究の雙方に誤り無きを證するものなれど、相背馳する場合は、兩者孰れかに誤謬あるを意味するものに外ならず。此の際考古學者は宜しく其の文献的資料に據る研究が、果して正確なるや否やを檢し、幾何のユトリを其の決定に取り得可きかを明かにすると同時に、其の考古學的研究の方面にも何等かの誤謬無きか、幾何のユトリを其の相對的年代型式の順列に見出し得可きかを檢査するを要す。若し文献が根本的資料に屬し價値尤も大なる場合には、此の順列が可能的(possible)の範圍內に於いて、文献と合致す可き移動を試む可く、而かも不可能(impossible)なる範圍に及ぶを要せず。斯る場合に於いては其の文献的資料を疑ひて可なり。若し之に反して文献的資料の價値少なき場合に在りては、型式順列を最も實らしき(most probable)程度に止めて、其れ以上の變換を行ふことを要せず。直に其の文献の價値を疑問とす可し。また兩者共に一方を制駁する丈けの價値なき時は、兩説を立して其の決定を將來の資料の發見に俟つ可きなり。要之、考古學者が型式學的、層位學的研究の道程に、文献の援助を仰ぐことは、此の方法を徹底的に完成する所以に非ず、考古學的資料を文献の奴隷注脚たらしむるのみにして、吾人の取らざる所なり。而かも正確なる考古學的研究と、文献學的研究とは、其の終局に於いて相合致す可きものたるは言ふを須ゐず。

我が學界に於いて法隆寺再建非再建の議論が、考古學者と史家の間に沸騰せるは世人の熟知する所なり。然れども考古學者の樣式的順列は、必しも天智九年燒失と其後間も無き再建を容るゝ能はざるものに非ず。推古朝遺物の多數金堂に保存せらるゝことは、大火の存在をプロバブルなりとせざるも、またイムポシブルとはする能はず。之と同時に書紀の記事は之を信ず可しとするも、「一屋無餘」なる文字を文字通り採用す可きかは疑問なり。況んや和銅再建の如きは後世の記録に見ゆるに過ぎざるに於てをや、勿論樣式論より見れば、非燒失とするを以て、モスト、プロバブルとなすも、天智燒失後直に再建せられたりとするも、必しもイムポシブルには非ざるなり。要之非燒失論者は更に有力なる考古學的資料を境内發掘の方法等によりて提出するに非ずんば、火災存在のイムポシブルなるを立證すること能はざる可し。(近時關野博士は廻廊附近發掘の結果より、非燒失の新資料を提出せられたりと聞く。)

希臘オリムピヤのゼウス神祠(Temple of Zeus) の破風彫刻は、紀元第二世紀の旅行家パウサニアス(Pausanias)に記す所により、東方はパイオニオス(Paionios)、西方はフィデアスの高弟アルカメネス (Alkamenes) の作なりとは、文献を金科玉條とするものゝ信ずる所なり。而かも發掘の結果西破風には全くフィデアスの樣式無く、東破風の作風と同一なり。且つ同じくオリムピヤより出でたるパイオニオスの銘あるニケ神像の手法とは全く相異れり。玆に於いて樣式論者は、パウサニアスの記事と離れて、自由なる見解を立てんとし、文献派は依然として之に反對す。然れどもパウサニアスは、遺物製作の時代を距る數百年後の書に過ぎざれば、之を以て樣式の全系統を覆さんとするは誤れり。

八二、研究の綜合　考古學者は一種類の遺物の考古學的研究を試み、更に之と文献的資料との對照を行ひ、次に他種の遺物に向つて同樣の手段を應用す可く、或はまた各種の遺物の共存關係を明にして立し得たる型式順列の系統を以て、文献的資料の研究の結果と對照す可し。斯の如くにして得たる知識を綜合することによつて、考古學的研究の根本たる時代決定の任務は漸く其の完成を見るに至らむ。而かも此の結果によりて、人類過去のあらゆる方面を研究す可く、其の美術にまれ、宗教にまれ、軍事にまれ、一切の社會的生活、個人的生活に及び窮る所無かる可きは、考古學の定義に於いて已に余輩の述べたる所なり。但し此等各方面の精細なる研究は、美術史家、宗教史家等各專門家の爲す可き所なりと云ふものあらば、そは一方に於いては此等史家が考古學的研究に携はるものとも云ふを得可く、所詮其の名稱の如何の如きは敢て問ふことを要せざるなり。 たゞ或る考古學者は或方面の研究に趣味を有し、或る方面には之を有せざることあらむ。 また或る場合には資料の時代的決定と、其の大體的考察以外には、他の專門學者に任ずることあらむ。 而かも是れ其の隨意とする所にして、始より考古學を以て單に遺物遺跡の個々に關する知識を供給するものなりとし、或は古代の風俗技能文化を研究するのみが其の任務なりとするが如きは、無用にして有害なる制限なり。 歐洲考古學者が輓近埃及クリート島其他に於いて研究せる結果建立せる組織的知識の大系を窺ふ時、吾人は其の綜合的方法と研究的態度とに就きて學ぶ所頗る多からむ。

クリート島に於ける考古學的研究は、第十九世紀の後葉に始まり、本世紀の初十年間に略ぼ一段落を告げぬ、されば此の研究は吾人に向つて最も適切なる近世考古學的發掘と其の研究に關する教訓模範を與ふるものと云ふ可し。其の大綱はホース氏夫妻の著(Hawes, Crete, Forerunner of Greece) を見よ。またエヴァンス氏は近く其の大著(Fvans, The Palaces of Minos at Knossos)を發刊せんとしつゝあり。伊太利ポムペイの發掘は從來多くは非科學的に行はれしも、其の結果を綜合して研究したるマウ氏の著書(Mau-Kelsay, Pompeii, its Life and Art) は殆ど完璧のものと稱す可し。なほペトリー氏が埃及とクリート島及希臘ミケーネ時代の遺物との比較研究、時代決定の方法を其の研究法中述べたるものあり、大に參考とするに足る。(Petrie, Methods. Chap. XII.)綜合的研究の實例は今之を詳述するの暇なきを以て、前掲諸書に就きて窺ふ所ある可きなり。

第五編　後　論

第一章　考古學的出版

一三、出版の義務　考古學的遺跡の發掘は、其れ自身は一箇の破壞なり。之を記錄の方法によりて永遠に保存し、出版によりて記錄を學界に提供するに於いて、始めて破壞の罪障を消滅せらる。故に發掘ありて記錄無く、記錄ありて之が刊行を怠るは、畢竟公的資料を破壞し、之を私藏するものと云ふ可く、過去の人類に對して、其の空間的存在として殘されたる生命を絕つの罪惡を行ふものと謂ふ可し。若し發掘の報告を出版せざる位ならば、之を爲し得可き時期まで、遺物の最好保存者たる土砂中に放置して發掘せざるに若かず。故に發掘の報告出版は、發掘事業の一部分にして、決して分離す可きに非ず、其の費用と時間とは始より見積り置かざる可からず。是れ實に考古學者の道德的義務として、嚴肅に服從せざる可からざる所なりとす。

ペトリー氏は其の研究法の著中、特に「考古學の道德」(Ethics of Archaeology)として之を痛論する所あり。中に曰く「知識を得るに必要なる破壞は、若しそれによりて充分なる知識が獲得せられ、且つ此の知識が再び失はるゝこと無き樣安全に記錄せられて、始めて破壞の正當なりしを認めらる可し」と。「また未來の人類は吾人が過去の遺物を有するが如く之を有するの權利(Rights of the Future)あり。故に吾人は墳墓寺院其他の遺跡が、將來長く保存せらるゝ狀態にあるものを破壞するは罪惡なり。また同時に過去も亦た權利を有す(Rights of the Past)。過去人類が年月を費して殘したる事業は、存在の權利を有す。過去人類の生命の今日に存するものは、現在の人類のそれと同じく權利を有す。實に考古學者の事業は此等過去の生命を救ひ之を復活して、吾人の友人の如く親密ならしめんとするに在り」云々と云へるは、吾人に對する痛切なる教訓なるを覺ゆ。

次に氏の言を其儘引用せむ。

("A work that has cost days, weeks, or years of toil has a right to existenee........In all worth, in all realness, the life of past men preserved to us has rights as veritably as the life of present men. The work of the archaeologists is to save lives; to go to some senseless mound of earth, some hidden cemetery, and thence bring into the comradeship of man some portions of the lives of this sculptor, of that artist, of the other scribe; to make their labour familiar to us as a friend; to resuscitate them again, and make them to live in the thoughts, the imaginations, the longing, of living men and women; to place so much of their living personality current side by side with our own labours and our own thoughts."—Petrie, Methods. Chap. XIII,)

八四、**報告の時期**　報告の作成及出版の時期は迅速なる可く妄に之を遷延するに於いては、考古學者の仕事は益〻輻湊して、愈〻其の困雜を增加するに至る可し。　されば一年一回の發掘調査を行ふ場合に在りては、其の報告の作成は宜しく次期の調査以前に完了するの覺悟なかる可からず。　凡そ調査當時の印象なほ鮮明なる際に於ける報告は、多少考證の完全は之を缺くものあるも、事實の正確印象の明確なる點に於いて、後日出版のものに勝ること萬々なるを忘るゝ勿れ。　また報告研究大部に亙る時は、之を分割して逐次出版することは、出版の促進に利ある可く、之を完了の日に俟つ時は、却て徒に其の時期を遷延せしむるに力あるのみ。

ペトリー氏主幹の英國埃及考古學學會(British School of Archaeolofy in Egypt)は、其

研究の結果を迅速に且つ規律正しく出版するに於いて有名なり。殊に發掘の報告に於いて然りとなす。是れ公的學術資料を成る可く早く學界に提供すると共に、事業の澁滯を防ぐの最良法なり。著者英京にありて先生に師事するの日、先生屢々戒めて歸朝の日、必ず報告書を出版し、其の作成を迅速にして怠慢なる勿れと、其の訓言今なほ耳底にあるを覺ゆ。

八五、**圖版**　考古學的出版に於いて吾人の一掃せざる可からざる謬見は、圖版挿圖が報告研究の本文の附錄たりと云ふことなり。考古學に於いては、圖版は本文と同樣、或は其れ以上の價値を有す。圖版は主にして本文は之が注脚たる場合寧ろ多しとなす。斯の如きは單に考古學のみに止まらず、多くの記述的科學に於いて然り。物質的資料を研究の對象とする考古學に於いて殊に然るを覺ゆ。

ペトリー氏曰く。"Hence nowadays the main structure of a book on any descriptive science is its plates, and the text is to show the meaning and relation of the facts already expressed by form. "—Petrie, Methods. p. 114.

故に出版印刷に際して、吾人は先づ圖版を調製し、其後に於いて本文を稿了するを原則とす可く、若し然らずして本文を最初に印刷する時は圖版との對照に多くの齟齬を生ずることある可し。圖版は其の原版に周密なる注意を拂ふ可きは言ふ迄も無く、其の特質に從つて寫眞銅版、玻璃《コロタイプ》版、寫眞石版、石版、木版、寫眞原色版等を應用す可く、今日に於いては著者が此等製版及印刷の事項に通曉せざることは、肝要なる學術的素養を缺くものとして、決して看過す可からざる所なりとす。

圖版の調製に關して、ペトリー氏は、其の著中幾多の緊要適切なる實際的注意を試みられたり。例へば圖版は二頁大のもの時に必要なるも、折込みのものは保存披見に不便多きを以て、努めて之を避く可し、圖版に於いては其の右端は最も注意を惹く場所なるを以て、肝要なる物件は常に其の邊に圖するを要す。(日本風の製本にては其の左端)また地圖其他に於いては原圖を寫眞にて縮寫する際に、豫め文字圖形の縮少せらるゝを慮りて、之を作り置くに非ずんば、縮小して不鮮明に陷ることあり。圖版上には之が了解に必要なる説明を加へて、一々本文と對照するの煩を避くるに努む可し。なほ各圖畫寫眞には、其の製作者を明にし出典を擧ぐること、本文論説の場合と同樣なる可きなり。

八六、**本文**　本文は圖版に於いて現はされたる事實關係を説明するにあり。空間的延長を有する圖畫に於いて、到底現はすこと能はざる時間的經過に於ける記錄を主とす可く、其の文章は簡明直截なるを期す可く、冗長散漫なるを忌む。而して事實の説明と著者の臆說とは常に峻別して、事實に對する公平無私なる觀察を失ふ可からず。後者は寧ろ章節を別にして之を記載するを宜しとす。若し妄に臆說を以て事實を釋するに於いては、其の臆說が價値を失ふと同時に、事實の報道もまた信用を失ふに至らむ。吾人の希ふ所は學說は日と共に新なるも、事實の記錄をして永久に生命あらしむることとなり。また已に述べしが如く、考古學的出版に於いては、圖版を主とするを以て、本文は往々にして其の分量面積圖版に比して少なきを憂ひず。また圖版の說明と對照するに必要なる索引は之を附することを忘る可からず。

八七、体裁　出版物の體裁は著者の主義趣好によりて固より一ならずと雖も、圖版を主とする考古學的圖書に於いては、四六版二倍或はそれ以上の大版なるを便とす。これ圖版に折込みの不便を去り、印刷費の輕減を見る可ければなり。但し圖版非常に大なるを要する時は、別に圖版のみの別册と爲すも宜し。印刷の精巧、圖版の完美は之に勝るもの無しと雖も、餘りに高價にして贅澤なる骨董的性質の圖書は學術界に於いては之を歡迎すること能はず。科學的出版物は科學的特性を具ふ可く、各種の出版物に於いて特殊の風貌あるを知らざる可からず。

考古學的出版は近年益々圖版の精巧を加へ、各國また其の特長を異にし、學者によりてまた其の特性同じからず。希臘オリムピヤの發掘報告の獨逸に於いて出版せられたるもの(Curtius & Adler, Olymipa, die Ergebnisse der Ausgrabungen)の如きは、今日より見れば已に備はれりと言ふ可からず。デルフイの發掘報告の近時佛國より出版されたるもの(Homolle, Fouilles de Delphes)は更に完備せり。其他一々枚擧に遑あらずと雖も二三を例示せんに、米國ホース夫人のクリート島グルーニャの發掘報告（Hawes, Gournia. 1910）の如きは、圖版の贅澤驚く可く、英國スタイン氏の支那和闐(Stein, Ancient Khotan. 1910)の如きは中庸を得、獨逸ルコック氏の支那高昌(Le Coq, Cho-tcho. 1913)、グリユンウエーデル氏の庫車（Grünwedel, Alt-Kutcha. 1921）の如きは圖版の精巧其の比を見ず。其他各國學會に於いて出版せらるゝ報告書年報等には、各特長ありて範とす可きものあり。學者常に此等を參照するを要す。就中ペトリー氏の英國埃及學會の其れは注目す可きものゝ一なり。我國に於いては、東京帝國大學紀要中考古學的のものありて注意すべく、京都帝國大學に於いても近年考古學研究報告を年々一册或は二册を出版しつゝあり。

第二章　遺物遺跡の保存

八八、**保存の義務**　永遠に存在の權利を有する過去人類の生命たる遺物に對して吾人の盡す可き義務は之を永遠に保存するを努むるにあり。發掘其者も畢竟之を現在の狀態より更に良好なる保存の道を得しめんが爲に他ならず。而して記錄出版の事たる、遺物に內在する過去の生命を文献に變形して永久に保存するものと謂ふ可し。考古學者は一方に此の方法を取ると同時に、他方には發掘せられたる遺物其者も、可及的に其の物質的形狀に於いて、之を將來に保存するの義務あり。最良の遺物保存者たる土砂の母胎より分離したる遺物に對して、吾人は少くとも土砂中に於けると同等、若しくは之に近き保存法を講じ、學術上の資料を永遠に傳ふるに努力せざる可からず。之を火災盜難其他の破壞力より防禦する爲に、適當なる場所に保管するは其の方法の一なり。而かも遺物其者に物理學的、化學的方法を適用して、自然力の破壞より防禦する方法を狹義の保存(preservation)と謂ふ。之には完全なる所謂「博物館的方法」と、應急單易なる方法との別あり。今左に後者に就きて少しく述ぶる所あらむ。

遺物保存の方法を詳述したるものに、ラートゲン氏の著(Rathgen, Preservation of Antiquities)あり。蓋し博物館等に於いて行ふ可き完全なる方法を述べたるものなり。此の他ペトリー氏は其の著中(Petrie, Methods. Chap. VIII.)之を述べ、ボニ氏また多少論及し、(Boni, Il Methodo nell' espolazione archeologiche.)ローゼンベルグ氏の近く鐵及青銅品の保存法に就きて論じたるものあり。(Rosenberg, Antiquites en fer et en bronze, leur transformation.....et leur conservation. 其の概要は Ancient Egypt. 1917. Part IV. に見ゆ)

八九、**石製土製品**　此等の物質に於いて最も恐る可き破壞力は鹽分なり。故に鹽分を含める疑ある石製土製品は、長時間淸水洗滌を行ふ可く、花崗岩の脆弱となり、陶器の釉薬の龜裂して瓦解の恐あるものゝ如きは、パラフィン蠟を以て之を固定す可し。其他石膏セメント漆喰等を使用して、石材の破壊を防ぐ可きは言ふを俟たず。スツッコ(stucco)の煉瓦等の上に施されしものは、裏面より煉瓦等の物質を可及的に除去し、之を枠に容れ裏面より石膏セメントの類を以て固定す可し。スツッコ上の繪畫卽ち壁畫(fresco)の類に至つては、ガム、ダムマー溶液、近重博士のガム、コバール液、ツァポン・ラック、パラフィン蠟、タピオカ液等を以て之を强化する方法を取る可し。

なほ各種の遺物に施す可き化學方法はラートゲン氏の書(前出)を參考す可く、妄りに之を行ふ時は却て遺物を毀損す可きを以て玆に之を紹介せず。たゞツァポン、ラックは頗る便利なるものなるを以て後節(九四節)之を述ぶることゝせり。

法隆寺金堂壁畫の保存法に關しては近頃世間の問題となりしも、之が保存には近重博士のガム、コバール液若しくは、之と略ぼ同性質のガム、ダムマー液等を注ぐを以て最良となし、其の龜裂部等は石膏乳を以て處理し、また金屬製鋲を打込みて剝落を防ぐ可きことは議論の無き處なり。吾人は全體を保存する爲には、一部の破壞を犧牲とするの勇氣を要す。

九〇、織物及紙類　此等の品物に在りても鹽分の除去は緊要條件にして、清水洗滌の方法を用ゆ可く、斯の如き有機質のものゝ水洗には、少許の石炭酸を加ふるを宜しと云へり。（ペトリー博士）之を水中より取出して後、タオル或は吸取紙を重ねて靜に水分を除去す可く、急に日光に暴露し、或は火熱を加ふることは危險なり。紙類の巻子の如きは、發掘の際直に乾燥せしむることは紛碎する恐あるを以て、水分を含ましめて後ち徐に之を處理し、保存法を講じ乾きたる後には薄き紙上に置き、兩面より硝子板を以て挾む等の方法を用ゆ可きなり。 漆器の斷片の如きまた之と相似たる方法を取る可し。

伊太利ヘラクラネウム「パピリの家」發見のパピリ卷子の處理法は、支那西域等にて發掘の經卷にも應用す可し。一夜位水中に濕し置き、之を取出して細心なる注意を以て卷き返すなり。(Barker, Buried Herculaneum. p. 10) 硝子板に挾む場合には、決して周圍を悉く密閉す可からず。濕氣を適當に保ち空氣の流通をなさしむること必要なり。

九一、金屬類 此類の品物には多く化學的方法を適用するを要す。其の普通なるものの一二を擧げんに、鐵の表面の薄鏽は、之を强硝酸を以て除去し得るも、全躰酸化せるものは、たゞパラフィン蠟の溶液に浸して將來の鏽化を防ぐ可きのみ。 ローゼンベルグ氏は之を石綿紙に包み銅細線を以て緊縛し、之を熱して鹽化物を去らしめたる後、蒸溜水中にて長時間沸煮し、また微にアルカリ性の水、清水にて洗滌し、最後に之を熱してパラフィン蠟中に入る可しと云へり。青銅は酢又は稀鹽酸液に浸し、其の鏽を取去り、之を取出して清水洗滌を充分にす可く、ロ氏は錫、アルミニウム、亞鉛等の箔葉を以て之を挾み、濕氣ある空氣中に置き、鹽化物を取り去る方法を唱道せり(前出ロ氏著書參照)。また靑鏽を除去するに際して、紋様意匠等を認むるに差支なき一部分は、之を鏽の儘保存して、器物の原狀を保存し置く必要ある場合も少しとせず。

骨董者流は古色の美を愛して、鏽を除くことを喜ばず。之が爲め器物の學術的價値に重大なる關係ある記銘紋樣等の、永久に知ること能はざるもの少なからず。彼等が此の弊あるなほ忍ぶ可しとするも、學術研究を以て目的とする學府、博物館等に於いて、未だ此の流弊を脫すること能はざるもの、往々にして是れあるは慨す可しとなす。

九二、複製の必要　遺物に對する各種の保存法を講ずることは、其の遺物の保存に若干の生命を延長するを得可きも、火災、盜難、其他自然の破壞力を絕對的に防遏することは不可能なり。之に對しては一方記錄に由る保存の途を講ずると共に、該遺物の模造複製(replica)を一個若しくは數個製作して、之を各地に配布する時は、其の原物亡失する場合あるも、複製によりて、其の原物を髣髴せしむることを得可し。ペトリー氏は石製品は比較的安全なるも、金銀の如き貴金屬製品は尤も喪失し易きを以て、之が電氣模造(electro-type)を少くとも二十個製作す可しと提唱せり。銅造のものは之に次ぎ戰時其他金屬缺乏の際破壞せられ易かる可く、象牙製品、漆器等は殊に速に自然力によりて破滅せらる可し。此等の複製品を製作し置くの必要以て知る可きのみ。

複製模造は原物所藏の博物館等に於いて之を試み、實費を以て賣下げ、又は他の博物館のそれと交換するを便とす。また此の複製品を組織的に陳列することの、大學等の教授に必要なることは、ミハエリス氏之を高唱し、所謂複製博物館（Museum of casts, Abgussmusee）の功用を明にせり。獨逸のボン大學の如きは最も早くより之を有し、今日歐米大學及博物館にこれあらざるは無し。之を本邦の狀態に比ぶれば如何ぞや。

第三章　遺跡遺物の修理

三、修理の程度　遺物保存に對する處理法と、密接なる關係を有するものは其の修理なり。修理は或る意味に於いては一の保存法なり。例へば土器の口縁部の辛じて腹部に接合せるものゝ如き、建築物の軒を支ふる柱の傾斜破損せるが如き、保存上其の缺損部を修理する必要あり。此等保存に絶對的必要ある修理に關しては、之が施行に異論を見ずと雖も、其れ以上の修理に就きては議論頗る多く、或は全く之を否定し、或は或る程度の施行を許容するが如し。單に考古學的資料としての遺物は、其の保存に絶對的必要なる程度以上の修理を加ふることを無用とするも、遺物中には單り考古學的資料たるのみならず、美術的作品あり、之を博物館等に陳列して、觀者に美的鑑賞を滿足せしむ可き必要あるものあり。或は建築物の如く、今なほ實用に供し、或は宗教の儀禮等に使用するを必要とするものあり。此等の場合に於いて吾人は單に保存に必要なる程度以上の修理を要求せらる。其の際に於ける修理の程度方法は、一々實地に就きて論ずるの外は無けれども、原則としては、美的要求に應じ、實際の用途に適する點に於いても、最小限に之を行ひ、原物と修理の部分とは、美觀實用を害せざる限り、之を一見識別し得可き樣なし置くにあり。

文藝復興期以後伊太利其他歐洲諸國に於いて試みられたる遺物遺跡の修理は、所謂復舊(restration)にして、沒趣味なる技術家が無用なる復舊を試み、其の美觀を害し學術的價値を損せしもの頗る多し。斯の如くにして復興期以後の彫刻家は古代の作品を修理復舊し、其の目的とする所は、忠實に原狀に復せんとするよりも、寧ろ自己の手腕を發揮せんとするにありき。此の際に方りてカノーヴア(Canova, 7157—1832)がパルテノンの彫刻「エルギン、マーブル」(Elgin Marble)の復舊を依頼せられて、斯の如き重要なる作品の復舊す可きものに非ざるを言ひ、之を辭したるは稱揚するに堪えたり。かのフィレンツエ市のボデスタ邸に發見せられし、ヂョット筆のダンテの肖像の如きも、復舊の名の下に破壞せられし一著例なり。現今に於いては古代彫刻の如き、たゞ保存に絶對的必要なる部分に加工するの外、全く復舊を試みられざること、ペルガモン（Pergamon）祭壇彫刻、オリムピヤのパイオニオスのニケ像の如く、別に之を復舊せる模造を其の傍に具ふるなり。建築物の修理に際して、之を當初の形態に復原す可きか、將た中頃修補せられし部分を除去す可きかは問題の生ずる所なり。奈良新藥師寺本堂が關野博士の手により て修理さるゝや、創立當時の形態に復し後世の附加物を除去せしを以て、之を非難するもの多かりき。斯る際に於いては、後世の補加物の古さと、其の美術的價値とによりても、議論を異にす可く、考古學的資料としては、成る可く其の以後の補加物をも保存するに若かず。古建築物が現今實用せらるゝ建築物に合體する場合の如きは、必しも其の近代的部分を除去するに及ばず、其儘に保存することは却つて其の遺物の遭遇したる歷史を語りて興味あるもの多し。例へばシヽリー島シラクサ（Syracusa）の基督教伽藍と合體せる希臘ドリツク式神祠の遺柱の如き、羅馬市中のネプチューン古祠（Temple of Neptune）の如き其の好例なり。

九四、遺物の修理　金屬石製の巨大なる遺物等は、其の修理の實際に方つては、考古學者自ら手を加ふること能はず、專門の技術家を要するものありと雖も、其の修理の方針と經過とに於いて之を監督す可きは勿論なりとす。　たゞ土器の修理は學者自ら之を試みざる可からざる場合最も多きを以て、いま少しく其の方法を述ぶる所あらむ。　之には先づ同一器の破片と思はるゝもの、又同一場處にて發見せられし破片を、一の卓子上に並べ、口緣、肩、腹、底等の各部を撰り分け、其の破れ口の角度、破片の色澤紋樣等を識別して、之が接合を試む可し。　一見接合の望なきが如き破片も、或は日を經て再び之を繰返して倦むことを知らざれば、完璧となすこと難からざる場合少なからず。

土器の接合には膠、ソックヒ、石膏等を用ゐることあるも、「ツァポン、ラック」(Zaponlack)と稱する硝酸セルロイド溶液(米國 Crane 氏の發明)を用ゐるを便とす。此の液の稀薄なるものは、パラフィン蠟と同じく、金屬器、土製品、壁面等に塗布して保存の用にも適せり。其の成分は(アミルアセタート七〇、ベンゾール七〇、アセトーン三五、セルロイド五乃至一五瓦)にして、セルロイドの多少によりて濃薄の差を生ず。また破片の完存せざるものは、其の缺失部を石膏を以て補足す可く、英國劍橋考古博物館に於いてはコルク板を以て補修し、好結果を得つゝあるを聞けり。

九五、**遺跡の修理**　建築物、墳墓其他の遺跡の修理は、多くの土工を要し、技術家の手を煩はす可しと雖も、其の根本方針を決するは、固より考古學者の職とする所なり。　而かも其の修理は保存美觀の要求の最小限に止まり、且つ原物と修理の部分とを明示す可きこと遺物の場合と同じ。　希臘アゼンスのアクロポリスなる「エレヒテイオン」(Erechtheion)の建築の如きは、其の一好例たり。　また遺跡に於いて發見の遺物は、可及的之を原位置に留置すること、ポムペイの「新發掘」(Scavi Nuovi)に於けるが如く、或は模造品を以て原物に換へ置くも可なることポムペイの「フワウノの家」(Case di Fauno)のフワウノの像の如し。而して屋根被ひ、墻柵の類は堅牢なるも單簡なる可く、美觀を損せざる樣心掛く可きなり。たゞ廣大なる遺跡に於ては、往々之を公園的に造構するを必要とす可く、此際植樹等にも意を用ゐ、遺跡の造られたる時代のものを選び、美觀を添ゆると同時に、遺物に何等の害を與へざる種類を擇ぶを肝要とす。

建築物の遺材を以て之を學術的に復舊修理したる著例は、アゼンスのアクロポリス上なるニケ、アプテロス(Nike Apteros)祠の如き其一なり。遺跡を公園的に造れるものは、例へば羅馬のカラカラ浴場(Thermae Caracalla)チボリ(Tivoli)のハドリヤヌス帝の離宮址の如き然り。羅馬パラチノ丘(Palatine Hill)遺跡の植樹はボニ敎授の注意により、羅馬時代に存在せしものゝみを以てせりと云ふ。なほ教授は遺跡の保存と之に植ゆ可き植物と否らざるものと等に就きて論ずる所あり。(Boni, Il Metodo. 參照) クリート島クノソスの遺跡も、エヴァンス氏の手により、保存と修理との點に於いて、完全なる注意を拂はれ、また處々復舊を試みられしも悉く學術的基礎に本く。(王座室 Throne room 等) 其の遺跡中央に物見臺を設けたるが如きは、訪客をして全般の配置を窺ふに便宜を與ふ。其他伊太利希臘等に於ける最近修理と保存の方法とは、參考に供す可きもの多し。

九六、**記念物保存法**　考古學的遺物遺跡は其美術的價値あるものと、歴史的意義あるものとを論ぜず、過去國民の生命を永久に傳承し、國民の精神的生活に大なる影響を與ふ可き、過去の記念物を將來に保存するは、國家と國民との高大なる義務たるは言ふを俟たず。之を促進するの法律規則を設け、意識的無意識的破壞と、國外に流出するを防ぐは、文明國一般に努力しつゝある所なり。此種の法律を記念物法(Monuments act)と謂ふ。之には先づ適當なる學者、技術家、行政官等より成る委員會を組織し、其の保存す可き品目を指定登錄するを第一步とす。此の登錄指定に二法あり。一は等級を附し、價値を區別するものにして、之を等級法(classement)と云ひ、佛國等の採用する所にして、我が古社寺保存法また之に類す。二は等級を附せずして悉く登錄する方法にして、之を目錄法(inventorization)と名け、英國等の採用する所なり。互に一長一短あるも、前者は世人をして等級の下位なるものを輕んじ、保存を怠らしむる缺點あり、後者を以て弊害少なしとなす。次に國家が發見せられたる遺物遺跡の個人的所有に屬するものを如何に處分す可きかは重大なる問題なり。個人の所有權は侵害す可からず、國家が之を買收する權利を有するも、之に對して完全なる代價を支拂はざる可からず。若し然らざる時は隱匿其他の弊害行はれ、記念物保存の主旨に背くに至らむ。最後に此等國家的記念物は適當なる修理を施し、保護を加へ、其の詳細なる圖入目錄を出版す可きを原則となす。此等の詳細なる事項に至りては、自ら別問題に亙る可きを以て今ま之を述べず。

記念物法に就きて各國の法規其他を參考す可きは、ブラウン氏の著あり。(Brown, The Care of Ancient Monuments. 1905)なり、また大英百科全書第十一版(Monuments)の項にも大要を載す。記念物目錄の完全なるものは、英國各州(Berkshire, Monmothshire 等)の記念物目錄《インベントリー》等を擧ぐ可し。我國に於いては朝鮮關東州等に纔きに此種法規を定めたるも、本土に於いては漸く一兩年前之を設け、而かも其の施設甚だ意に滿ざるもの多きは嘆ず可し。

第四章　博物館

七、博物館の本義　遺物の保存と密接なる關係を有し、更に研究と教育との意義を兼ぬるものは博物館(Museum)なり。博物館の眞正なる意義は決して單なる倉庫に非ず、陳列所に非ず、學術研究の目的と、社會教育に資するを旨とす可し。而かも歐米諸國に於いてすら、博物館は往々此の意義を充分徹底せず、單に珍貴なるものを聚集し、遺物の共存關係を無視して、却て學術の進歩を阻害すと云ふ。蓋し其の源因社會が博物館を以て、社會教育學術研究の府としての重要なる意義を認めず、博物館員が往々考朽無能の人物を以て充たされ、學術研究の念を缺くの外、我國の如きは博物館が充分なる資金を有せざる等に本くなり。吾人は文化事業の一として、國民の精神的生活を向上豊富ならしめ、過去人類の記念物を私人の有より移して國民全體の所藏たらしむる點に於いて、博物館に對する世人の注意と援助が、更に一層ならむことを望むや切なり。

博物館(museum)は元と希臘語の「ムゼイオン」(μουσειον)即ち文藝女神ミューズの祠堂なる義より出づ。上代ベルモガン、アレキサンドリヤ羅馬等にも美術の聚集あり。文藝復興期以後法王及伊太利貴族等の聚集盛んとなりしが、近世の意義に於ける博物館の蒐集とは同じからず。今や歐米諸國に於いては個人的聚集の大多數は、皆國有市有等の博物館に移り、第十九世紀中葉以前と其の面目を一新し、各大都市等は其の地の裝飾的意義に於いても、博物館の建築に全力を盡し、また市民生活の向上に資せり。博物館に對する攻撃の言としてペトリー氏の辭は、或は之を我國にも適切なるを發見せん。

"Our museums are ghastly charnel-house of murdered evidence, the dry bones of objects are there, bare of all the facts of grouping locality which would give them histroical life and values." (Petrie, Methods. p. 48)

九六、博物館の採光　博物館の建築が其の水火の災、盗難、濕氣其他に對し充分防禦的にして、一面倉庫として意義を盡す可きは固より言ふを要せず。又都市の裝飾的建築物として、費用の許す限り美觀を呈し、且つ記念的《モニユメンタル》の相貌を備ふるを歡迎すと雖も、已に一面物品を陳列して公衆の觀覽に供し、學者の研究に資する以上は、其の設計に於いて第一に注意す可き條件は採光(lighting)と陳列の方法となり。而も兩者とも先づ充分なる場所《アムプル、スペース》を豫想す。採光は直接光線にして反射光射たる可からず、充分なるも眼を眩するが如きものたる可からず。且つ陳列品に對して適當なる方向より之を取らざる可からず。多くの博物館が此の設備の第一條件たる採光法に注意せずして、單に外觀の美のみに主なるは遺憾なり。而かも光線の方向により鑑賞上大なる影響ある繪畫彫刻等は、特に窓被ひ、彫像臺座或は繪畫額緣等を移動し得可き樣造構し、午前午後其他光線の變化に應じ、之を調節するの設備を要す。

歐洲の博物館に於いては此等の諸點に注意し、窓のブラインドは常に光線の如何により て調節し、また繪畫の額緣は壁面に其の一端を蝶番を以て固著し、彫刻の臺座は回轉す可く作られ、觀覽者自身隨意に之を移動することを得。また強き光線に暴露するを厭ふものは、硝子棚の上にブラインドを垂れ、觀覽者之を取除きて閱覽したる後、自ら之を復し置く樣にせり。

九、陳列の方法　單なる考古學的資料と、美術品との間には、陳列の方法に多少相異なるものあり。前者は原則として地方的(topo-graphical)分類を行ひ、同一地點にて發見の品物、殊に同時に發掘せるものを、凡て一箇所に取纏め、一群(group)として陳列せざる可からず。是れ已に屢〻述べたるが如く、共存伴出の關係は、時代其他を知る可き鍵鑰たる可ければなり。次に一地方發見のものは、之を順序するに多く年代的(chronological)分類を以てし、最後に同時代のものは之を物品の種類及質料によりて分類するを主義とす可し。此の複式方法を以て考古學的博物館に於ける最良の陳列方法なりとす。また美術品は以上の分類の外、更に作品の鑑賞に適する環境を作り、壁面の色澤、臺座、額緣等の構造も亦た特に意を用ゐ調和を保たしむること必要なるも、餘りに之に凝り過ぐる時は、却て作品其者に對する注意を弱くするの恐あるを以て注意を要す。特に重要なる作品は、他のものと分離し、充分なる空間を與へ、別室内に或は室内の重要位置に裝置す可きなり。

巴里ルーヴル博物館内のミロのヴイナス像、羅馬バチカン彫刻館のラオコーン、アポロ等、また同テルメ博物館のキレネのヴイナス像の如き、みな一室中に分離して之を陳列し、靜に此の美術の大作を鑑賞するに適せしむ。伯林博物館なるペルガモン祭壇彫刻、パレルモ博物館なるセリヌンテのメトープ彫刻の如きは、其の原狀を髣髴せしむる爲め、原建築の一部を復舊しあり。ボストン博物館の日本彫刻の如きは、日本寺院建築に模したる環境中に之を安置せり。此等は皆な如何に其の陳列方法に意を用ゐたるかを示すものなり。

特殊の方式を以て陳列を行ひたる好例としては、倫敦大學の埃及古物のそれあり。是はペトリー氏の考案により、各種遺物の型式學的順序等によりて巧に陳列せらる。牛津のピット、リヴース(Pitt Rivers)博物館は進化論的原則により型式の保存變化殘存(conservation, variation, survival) 等を示さんとせり。其の綱領に曰く、"The specimens, ethnological and prehistoric, are arranged with a view to demonstrate, either actually or hypothetically, the development and continuity, of material arts from the simple to the more complex forms." と。現代の野蠻未開人によりて古代を說明せんとせるは面白し。故に一個の著書に接する感あるも、研究材料を得る目的には却て不便少なからず。

100、**附け札と目錄**　博物館の陳列方法と連關して、其の附け札(label)は最も大切なるものなり。是は親切にして而かも簡明に、且つ物品の鑑賞を妨げざる體裁ならざる可からず。諸遺品に關し、已に發表せられたる著書論文等の參照をば揭記するは、最も親切なる處置と謂ふ可し。また博物館は原簿として完全なる寫眞圖畫入りの目錄を作り、同時に科學的に編纂せられたる目錄(catalogue)

案内記(guid-book)を出版するの義務を有す。 其他博物館は研究の府たる自然の結果として、其の發掘及び研究の報告出版等ある可きは言ふ迄も無し。

博物館出版の目錄案内の完備せるものゝ一例としては、倫敦大英博物館(British Museum)等あり。 其他各國博物館に於いて學術的通俗的目錄の出版無きはあらず。我國博物館も近時漸く此等の出版を行ふに至れるは喜ぶ可し。 博物館の出版に非ざるも、 博物館藏品の案内記として親切丁寧を極め研究的なるは、ヘルビヒ氏の羅馬各博物館のものを擧ぐ可きなり。(二一一節參照)

一〇一、**博物館と大學學會**　博物館が其の本來の目的の一として學術研究の府たることは已に述べたる所にして、之と同樣の目的を以て成れる大學等の學府と、常に相提携し親密なる關係を有す可く、其の相互に研究を援助し、資料を開放す可きは當然のことなりとす。然るに世間往々此の當然事は實現せられずして、歐洲諸國に於いても大學と博物館とは相反目し、博物館が單に珍貴の資料を骨董的に蒐集する爲め、共存關係を明にす可き資料を散逸破壞する等非學術的の譏多きを聞くは憾みとす。また大學の學者は博物館の實際に通せず、其の資金其他の事情の顧慮す可きを察せずして、攻擊を急にするは、また必しも穩當なりと云ふ可からず。更に大學以外の研究所として考古學的研究の好舞臺たる地方に、學者の協力による學會の設立は最も急務にして、此等大學博物館等皆協力して斯學の發達に資す可きは、吾人の希望して已まざる所なり。

英國に於いて大英博物館と倫敦大學の學者等の反目せるとは、吾人の寧ろ意外とする所なりき。之に反してマンチェスター、エヂンバラ、リヴァプール博物館等は大學と相提攜し、大學の學者之を指導して此種の噂を聞かざるは喜ぶ可し。また大學附屬の博物館は其の意義教授用と共に嚴正なる研究的のものなる可きは言ふを須ゐず。

歐米各國は希臘、伊太利等に各考古學會を設置して、其の活動見る可きものあり。各本國の學生、學者の研究に便ならしめんが爲め、完全なる文庫、研究室、指導者を有し、また講演を試み研究年報等を公刊し、宿舍の便宜をも與ふるは羨望に値す。文化科學の研究に於いて、此種の機關を隣邦支那にも有せざる我國の如きは、何を以てか世界文明國の班に伍するを得可き。

通論考古學 終

主要參考書解題

考古學一般に就き論述し、特に其の研究法に說及したる著書は、歐米に於いても其の數多からず。今諸雜誌等に現はれたるものを除き、成書として出版せられたる書籍の主要なるものを擧げて、左に單簡なる解題を試みんとす。其の各國考古學、各分科考古學に關するものに於いても、序說等に多少概論的の部分無きに非ずと雖も、煩を厭ひて此等は多く省略に附し、たゞ二三先史考古學一般及考古學發見史に關するものを附載せり。また特に推薦す可き著書と思はるゝものには※印を附したれど、是れ固より著者の私見に過ぎず。

(一)※ W. Flinders Petrie, Methods and Aims in Archaeology. (London. 1905)

ペトリー氏「考古學の研究法及其目的」全一冊

本書は余輩の最も屢々引用せる所にして、著者は倫敦ユニヴァシチー、カレッヂ大學の埃及學教授にして、多年埃及の發掘に從事し、方今世界に於ける斯界の泰斗たり。氏は初め英國の考古學を研究し、後ち埃及の外パレスタイン地方の發掘にも携り、著書頗る多し。本書は考古學的發掘調査の實際的方法の指導として、適切丁寧なること、其の右に出るもの無く、悉く著者多年の經驗より出で、獨創的部分最も多し。たゞ考古學の意義其他理論に關する部分甚だ少なきは、英國學風の然らしむる所なる可きも、聊か遺憾なき能はず。其の内容は

一、發掘者　二、辨別《デスクリミネーション》
三、人　夫　四、作業の配備
五、野外に於ける記錄法　六、複製法《コピーング》
七、寫眞法　八、遺物の保存法
九、荷造法　一〇、出　版
一一、組織的考古學　一二、考古學的證據

の諸章より成り、著者專門の埃及考古學の方面より例證を引くこと多きも、其の目的とする所は固より一般考古學者の指導にあるや言ふを俟たず。

(二) W. Deonna, L' archéologie, sa valeur, ses méthodes. (Paris, 1912) デォンナ氏「考古學の價値と其研究法」全三冊

著者は瑞西の學者にして、其の論述する希臘、羅馬の美術考古學に係ると雖も、美術の樣式に關する理論等に於いては、其の議論聽く可きものあり。第一册は考古學研究法を述べ、先づ考古學の意義より、一般社會の誤解等を擧げ、次に斯學の發生に及び、其れより從來の研究法に關する諸種の誤謬美術の流派等を論ぜり。第二册は美術の法則を詳論し、第三册は美術的韻律《リズム》を希臘美術によりて例證せり。要するに本書は、美術的作品の樣式論に於いて參考す可きもの多しとなす。

(三)* J. de Morgan, Les Recherches archéologiques, leur buts et leur procédes.

(Paris, 1906)ド、モルガン氏「考古學的研究の目的と其方法」全一冊

著者は西亞及埃及の發掘に大事業をなせる現代の大家なり。本書は其の親しく經驗せる所によりて、發掘の方法等の注意を說ける點に於いて、ペトリー氏の著と共に頗る尊重す可きものあれど、たゞ彼の如く詳細親切ならざるやの感あるを免れず。其の理論の方面に疎なる點はペ氏の著に似たり。各章節は次の如し。

一、考古學と歷史　　二、探檢す可き地方に對する準備的知識
三、考古學的資料の各種類　　四、發掘作業
五、古代都市の發掘　　六、寺院及宮址の發掘
七、墓地の發掘　　八、古代鑛山及石切場
九、古代の交通路　　一〇、遺物の運搬及保存
一一、研究結果の出版

(四)　G. Boni, Il "Metodo" nell' espolazioni archeologiche. (Roma, 1913)ボニ

氏「考古學的發掘の方法」全一册

是は「美術報告書」(Bulletimo d' Arte)第七年第一號及第二號の拔刷なり。ボニ博士は羅馬フォルム及びパラチノの發掘家として、ランチャニ氏よりも更に新しき羅馬の考古學の大家たり。吾人は本書によりて、伊太利學者の發掘方法と、遺物保存法に就きて知るを得可く、其の建築的遺跡の取扱と美術的思想を重じたる點等を特に注意す可しとなす。

(五)

O, Montelius, Die älteren Kulturperioden in Orient und in Europa.(Stockholm. 1903) I. Die Methode. モンテリウス氏「東方及歐洲の古代文化諸期」第一册「方法論」

モンテリウス氏は瑞典ストツクホルム大學に於ける斯學の碩儒たり。本書に於いて氏は、古代東方及歐洲に於ける石器時代以降青銅器、鐵器時代の研究に先ち、其の研究方法を述べ、相對的絕對的年代より型式論《チプス》に及び、其の型式學《チポロギー》を論じて、伊太利古代の留針、土器、青銅容器及び蓮華紋等を擧げて之を例證したることは余輩の已に述べたる所にして、考古學研究法上最も聽く可き議論の一なり。

(六)* F. Koepp, Archäologie. (Sammlung Goeschen, 1911)、ケップ氏「考古學」全三册

獨逸ミュンステル大學教授たる著者は、序論、遺物の發見、遺物の記述《ベシユライブング》、遺物の解明《エルクレールング》、遺物の時代決定等の諸章に分ちて、考古學全般に亙れる概念と、研究法を明かにせる點に於いて、考古學通論の性質を有す。たゞ主とする所は希臘考古學にして、引用の諸例亦殆ど之に限らるゝ觀あるは、考古學を更に廣義に解せんとする吾人の所見と相同じからざるに似たり。

(七)* H. Bulle, Handbuch der Archäologie. (München 1913) I. ブルレ氏「考古學教本」第一卷第一册

本書は獨逸ウュルツブルグ大學に於ける考古學教授ブーレ氏が、二十餘名の斯學の大家と共に共同編著せんとせる「考古學綜覽」とも名く可き大著の一部たり。歐洲戰亂と共に

其の續册の發行を聞かざるは遺憾なり。既刊第一册の目次を擧ぐれば次の如し。

A、考古學の本質と研究法(ブルレ氏)

一、名稱　二、定義　三、研究法　四、考古學の目的　五、關係諸學との關係

B、考古學史(ザウエル氏)

一、文藝復興期に至る研究　二、バロック期　三、ウィンケルマン以前　四、ウィンケルマン　五、ウィンケルマンと同時代諸家及其の後繼者　六、科學的考古學の發達　七、新氣運　八、現在の考古學

C、古代遺物の再現(ウィガンド氏)

一、壞滅　二、偶然の發見　三、遺物の科學的探索　四、科學的探索の方法　五、保存及聚集　六、遺物の科學的記載複製等　七、遺物の保存法

第二卷は古代美術史、第三册は樣式手法論を說くの豫定なりしが如し。本書はケップ氏の著と同じく、主として希臘羅馬の美術考古學に偏せるは、獨逸學派の常として已むを得ざる所なる可きも、研究法に關しては其の說く所先づ一般に亙れるを見る。たゞ創見

少なきと簡略に過ぎたるは本書の弊となす。

（八）* J. Déchelett, Manuel d' archéologie préhistorique, celtique, et gallo-romaine. (Paris, 1908)デシュレット氏「考古學敎本」全二卷四册

著者は佛蘭西ロアンヌ博物館長にして、今次の歐洲戰亂に際して戰死せる人なり。本書は先史、ケルト及ガウル羅馬時代等特に佛國を中心とせる各時代の考古學を簡潔に叙述せるものにして、此種著書中の白眉たり。就中第一卷は先史時代を記し、冒頭先史考古學の定義及び研究法を論じたる部分の要領を盡せり。第二卷以下には青銅器時代以後のことを記述したるが、考古學一般殊に先史考古學を究めんとするもの丶、必讀に値するは諸學者の意見一致する所なり。

（九） D. G. Hogarth, Authority and Archaeology. (London, 1899) ホガース氏「古典籍と考古學」全一册

本書の編者は英國オクスフォード大學アシュモレアン博物館長にして、希臘考古學の大家

なり。希臘羅馬の古典及聖書等の文献と、考古學的遺物遺跡との關係に就き、其のドライヴァー、ガードナー、(アーネスト)、グリフィス、ハーヴァーフヒールト、ヘッドラム諸氏及編者自身の諸論文を集めたるものにして、文献と考古學的資料との關係を知る上に於いて有益なるのみならず、ホガース氏自身の筆に成る序論には、考古學の意義解釋を論じ頗る要領を得たるものあるを喜ぶ可し。

(10)* Lord Avebury, Pr tistoric Times. (London, 1913) エーブリー卿「史前の時代」全一冊

エーブリー卿は元のラボック氏なり。本書は氏の舊著を近く增修せるものにして、斯學の時期を劃せる此の記念的著作はなほ今日學者の好參考書たること、かのタイラー氏の「人類學」と好一對たり。石器時代より青銅器時代、古鐵器時代に關する一般の知識を供給し、また現代野蠻人との比較を試みたる點に於いて、英國の人類學的考古學派の一古典と云ふ可し。

(二)* Sophus Müller, Urgeschichte Europas. (Strassburg, 1905) ソフス、ミュラー氏「歐洲原史」全一册

著者は丁抹の碩學にして、本書は歐洲を中心とせる舊石器時代以降青銅器、鐵器時代に就き簡明なる論述を試み、希臘、伊太利の古代文化との關係を明にせり。卽ち北歐の人類學的考古學と希臘考古學との連絡點を發見し、廣義の考古學を建設せんと試みたるを認む可く、之をエーブリー卿の前著と比較すれば、其の規模更に大なるを覺ゆ。

(三) M. Hoernes, Natur-und Urgeschichte des Menschen. (Wien & Leipzig, 1900) ヘルネス氏「人類自然及原史」全二册

著者は墺國ウィン大學の先史考古學の教授たりき。第一編は自類の自然史にして、體質人類學の發達史、人種の起源發達と體質人類學の概要、人類と他動物との比較、人類の古さ及び故鄕、第四紀人類等を述べ、第二編は文化の原史にして先史考古學及び自然民族、人類學の發達、文化の基礎、住居、火、武器、器具、衣服裝飾等を記し、最後に國

家道德、法律、交通、商業、言語、文學・美術、宗教及學術等の諸現象を論じたり。單なる記載以上に理論的考察を試み、人類學的心理學的社會學的方面よりの觀察あるを喜ぶ可く、此種知識を一部の著書によりて獲得せんと欲するもの丶好參考書たり。なほ氏が特に美術の原史を論述したるものに「歐洲造形美術原史」(Urgeschichte der bildenden Kunst in Europa)あり、參考す可し。

(三)* M. Hoernes, Urgeschichte der Menschheit. (Sammlung Goeschen, 1905)

ヘルネス氏「人類原史」全一冊

前著の一部を簡明にしたるものにして、人類の自然界に於ける位置より、人類文化の諸現象、人類の初現、石器時代、湖上住居、金屬時代等考古學的方面に就き記す所あり。特に金屬の傳播に際しては意を用ゐて論及せり。絶好の小教本たり。

(四)* A. Michaelis, Die archäologischen Entdeckungen des neunzehnten Jahrhunderts. (Leipzig, 1906) ミハエリス氏「第十九世紀考古學發見史」全

一冊

著者は數年前物故せる獨逸に於ける希臘考古學の大家にして、本書は先づ第十九世紀以前の考古學上の發見を略記し次で奈破翁時代に及び、希臘、エトルリヤ、東方諸國に於ける著名なる發見を叙し、更に希臘の宗教的都市の發掘、先史及び希臘の史前に及び、一八七〇年以後希臘、伊太利及東方諸國に於ける發見を述べ、最後に發見及び科學の一章を設けたり。考古學發見史は本書を除きて他に未だ良著を見ざるのみならず、希臘、羅馬考古學を中心とし、なほ埃及、西亞のそれにも論及し、且つ最後の章に於ける樣式論及び文献と考古學との關係に就いての所論は傾聽するに足るものあり。本書の英譯(A Century of Archaeological Discoveries. London, 1906) はガードナー氏の序文あり。原著を增修し、且つ寫眞版を加へたれば却つて利便を加ふ。

主要參考書解題終

第一版　近世考古學の先驅學者

ウインケルマン

シユリーマン

トムゼン

第二版　考古學と化學

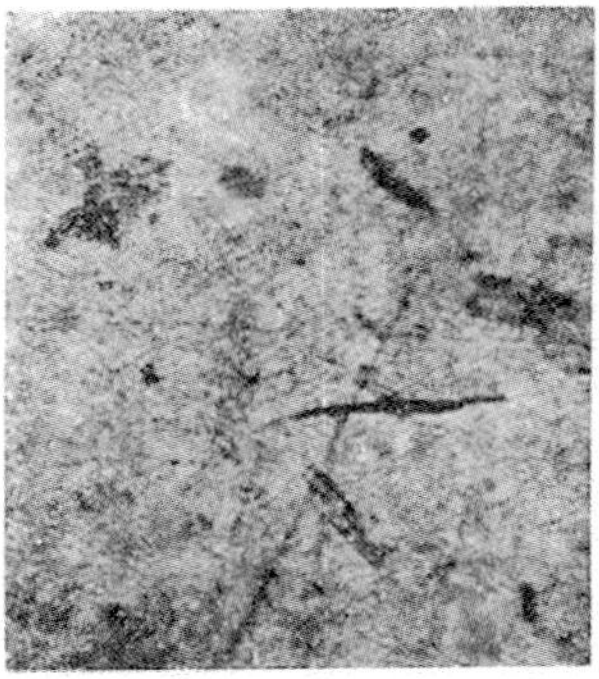
漢式鏡（支那）

漢式鏡（支那）

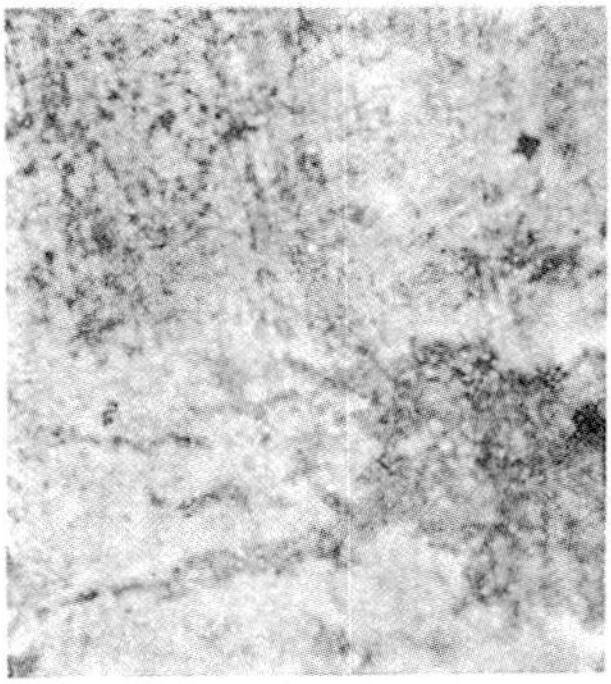
仿製漢式鏡（山城松尾出土）

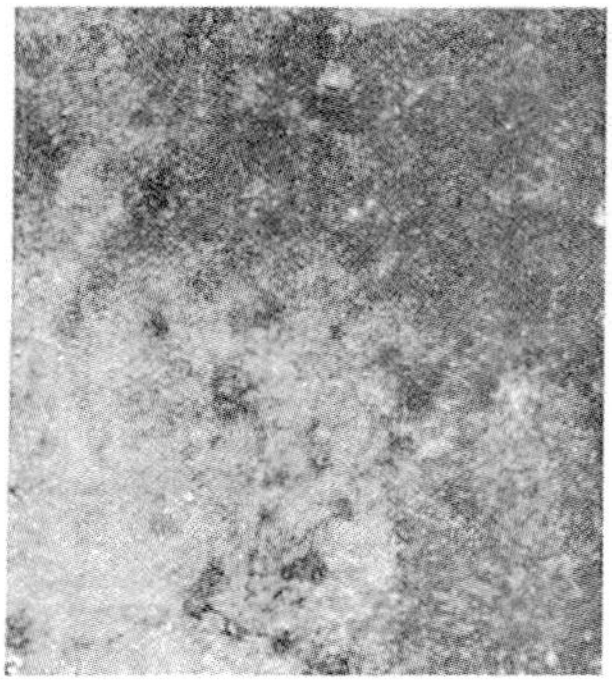
葡萄鏡（支那）

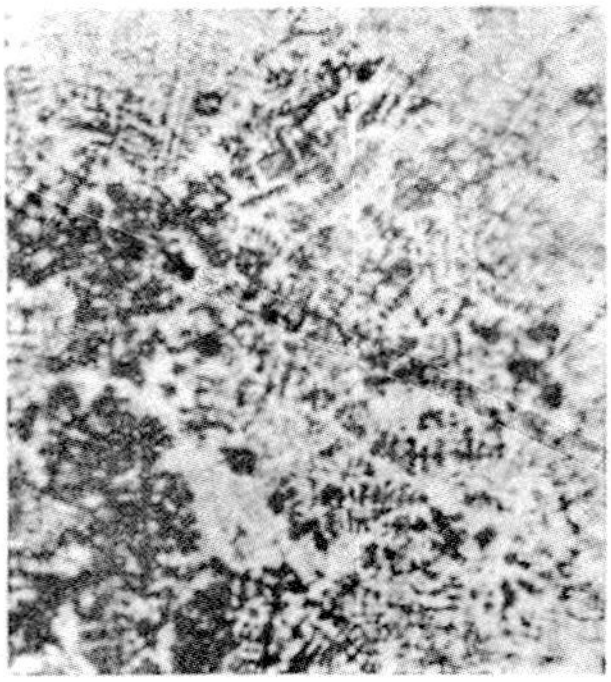
漢式鏃（支那）

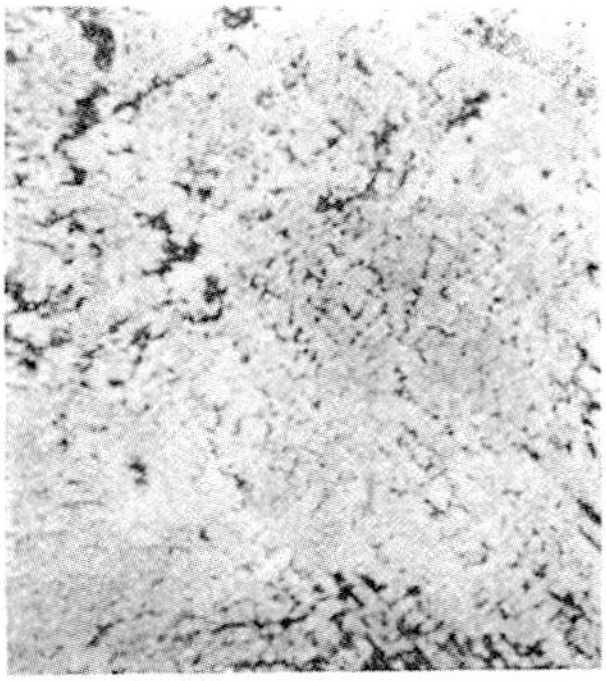
漢式鏃（支那）

東洋古銅器合金組織　〔近重博士寫眞〕

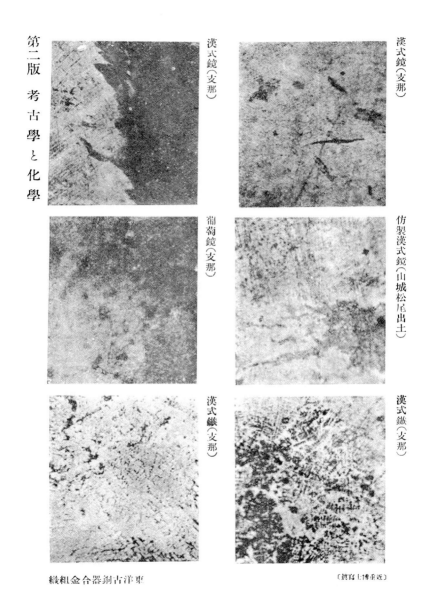

第三版　考古學と人類學

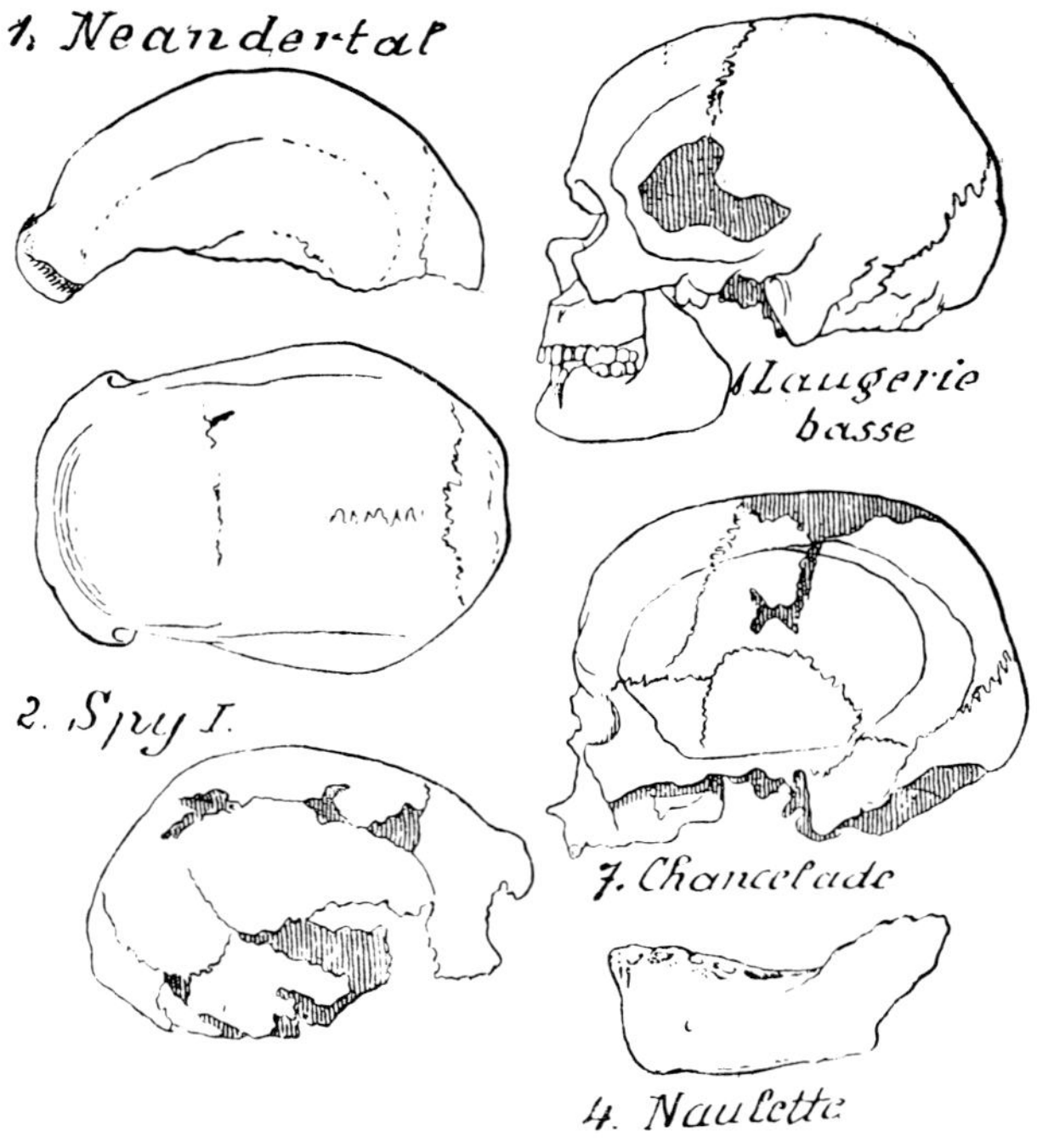

（上）歐洲舊石器時代人類頭蓋

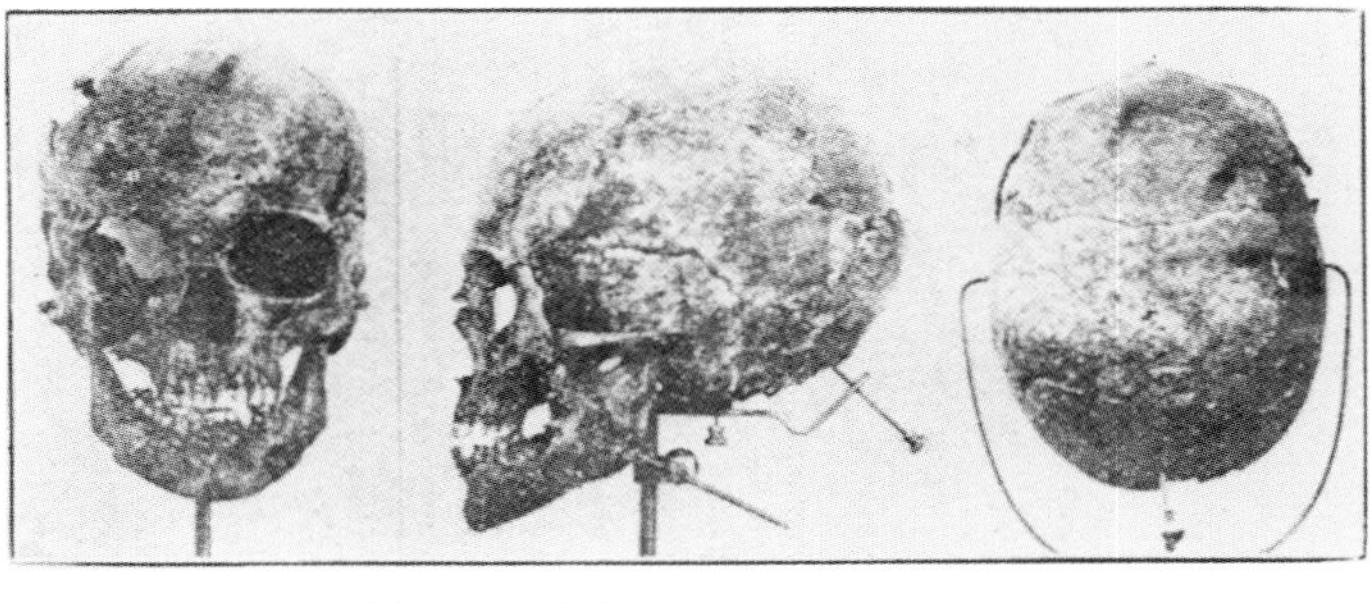

（下）河內國府石器時代人骨頭蓋

第四版　考古學と史學

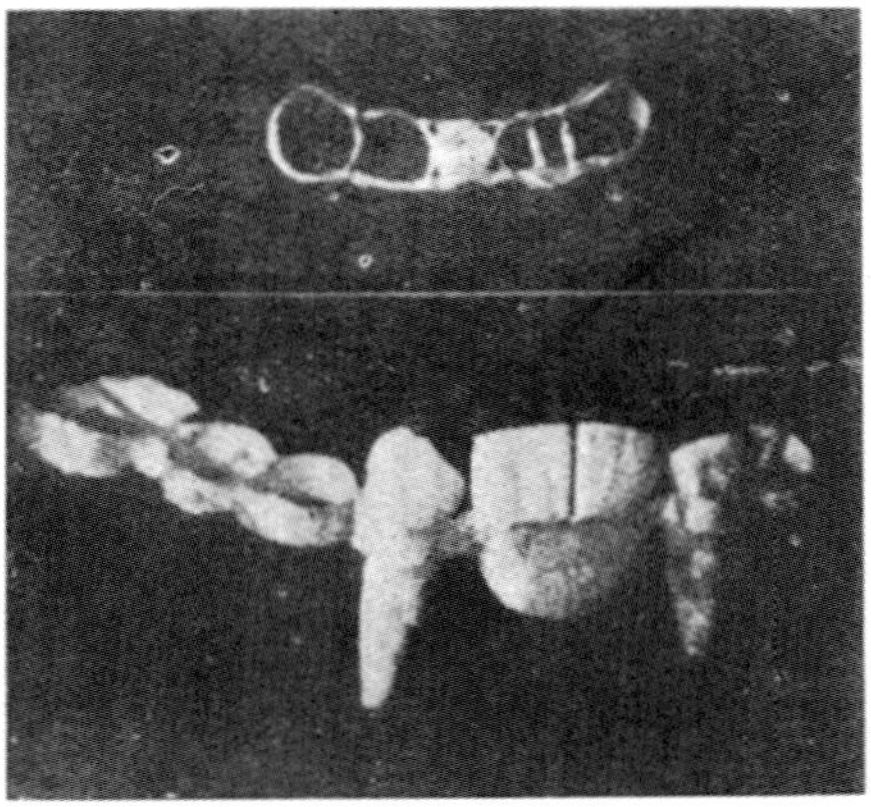

（1）伊太利エトルスキ古墳發見金橋義齒

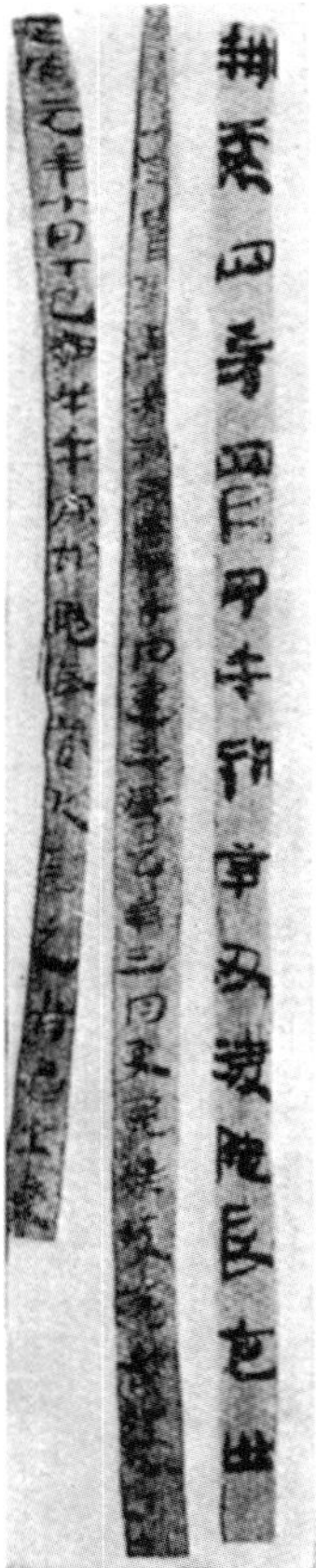

（3）支那敦煌附近發見木簡

（2）支那新疆ニヤ附近發見封泥木簡

第五版　水中に存在せし遺物

（1）伊太利ネミ湖發見羅馬樓船金具

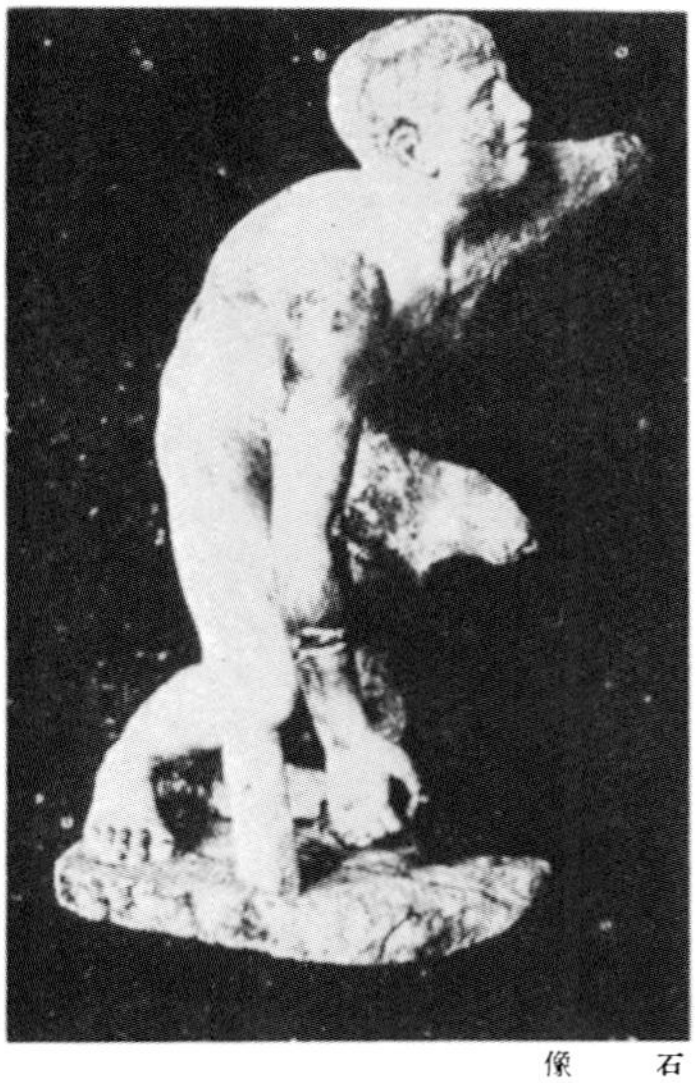

石像

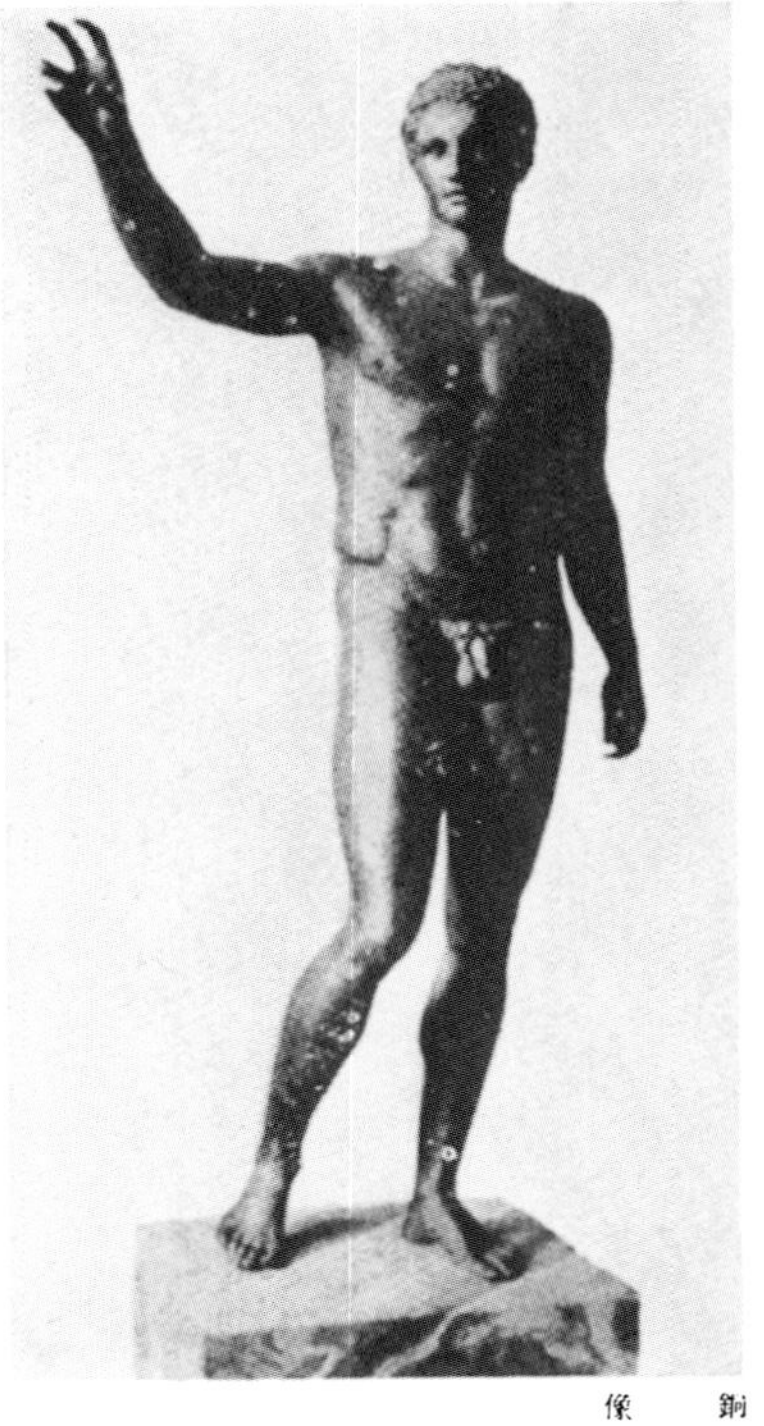

銅像

（2）希臘キテラ海中發見彫像

第六版　原石器

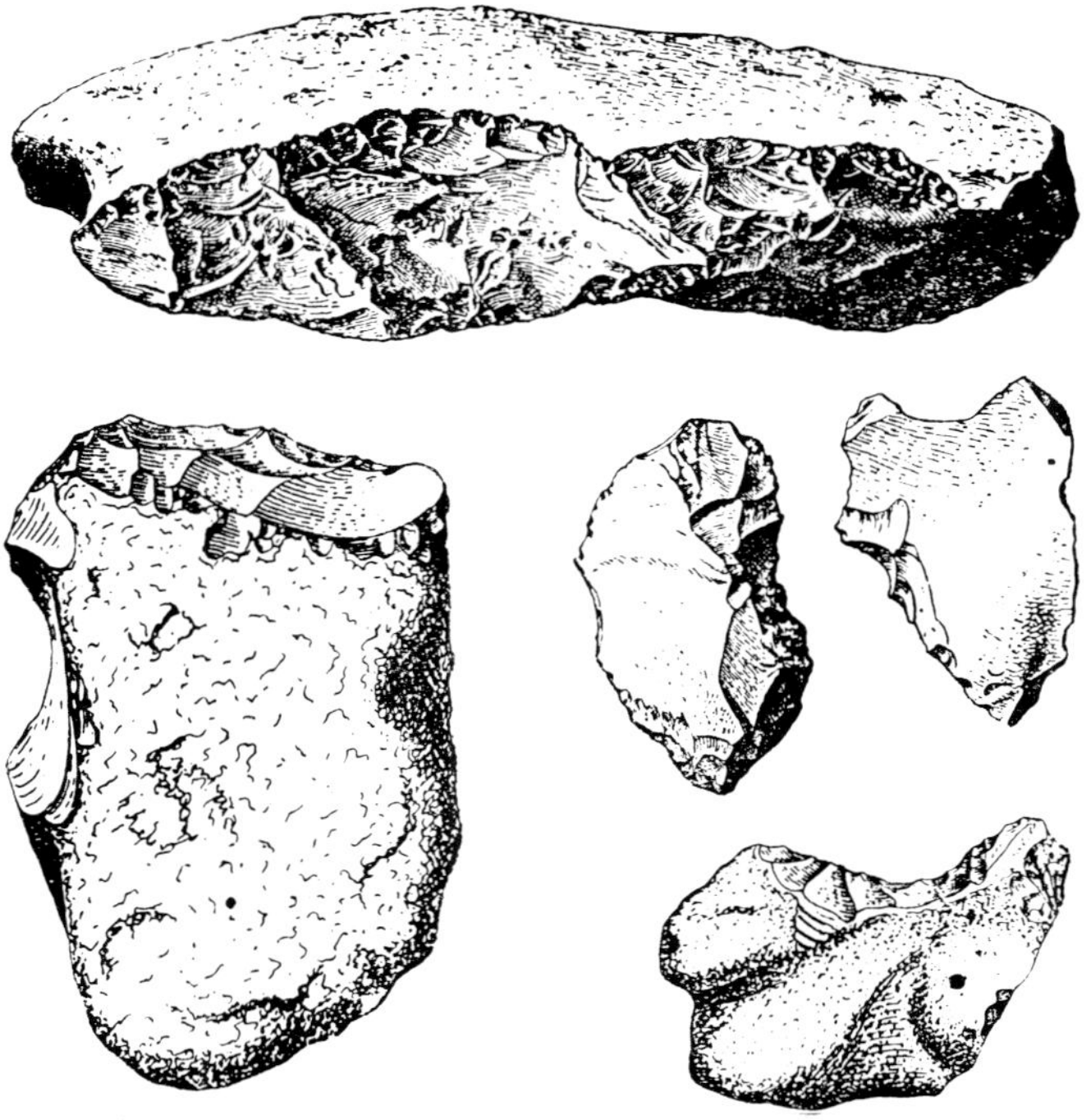

（1）歐洲中部發見原石器

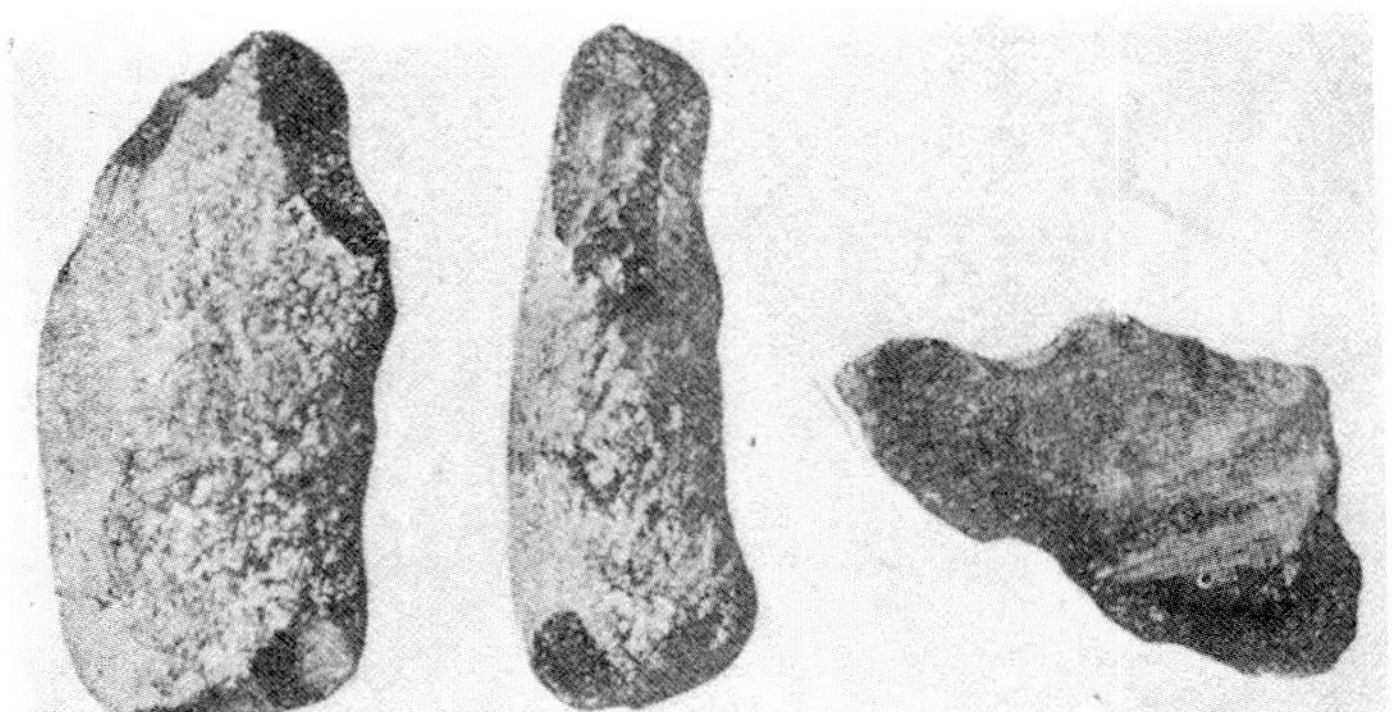

（2）擬似原石器

第七版 舊新石器

歐洲及埃及發見舊新石器

（一）舊石器

（1）（3）埃及テーベス

（2）英國ドルセット州

（二）新石器

（4）小亞トロヤ

（5）（9）（10）愛蘭土

（6）希臘オリムピヤ

（7）丁抹

（8）瑞典

（11）瑞西湖底（鹿角柄付）

（12）埃及

第八版　新石器　一

朝鮮及支那發見石器

（一）朝　鮮

（1）（2）磨製石斧（慶州）
（7）同上（平南大同江面）
（6）磨製石鏃（慶州）
（9）（10）磨製石劍及石槍（慶州）
（11）磨製石庖丁（慶州）

（二）支　那

（3）石庖丁（河南殷墟）
（4）磨製石鏃（南滿洲旅順）
（5）磨製石斧（南滿洲旅順）
（8）有孔磨製石斧（南滿洲大連）
（12）磨製石斧（南滿洲）

（三）印度支那

（13）（14）磨製石斧（東京附近）

第九版　新石器　二

日本各地發見石器

(1)磨製石斧（能登）
(2)抉付磨製石斧（大和）
(3)磨製石庖丁（河内）
(4)打製石鏃（加賀）
(5)(6)打製石鏃（北陸）
(7)磨製石鑿（陸中）
(8)有孔磨製石斧（能登）

(9)打製石槍（近江）
(10)(12)打製石匕（羽後）
(11)錘石（日向）
(13)打製石斧（河内）
(14)環狀石斧（越後）
(15)打製石斧（武藏）
(16)石棒頭部（羽後）

第一〇版　骨角器

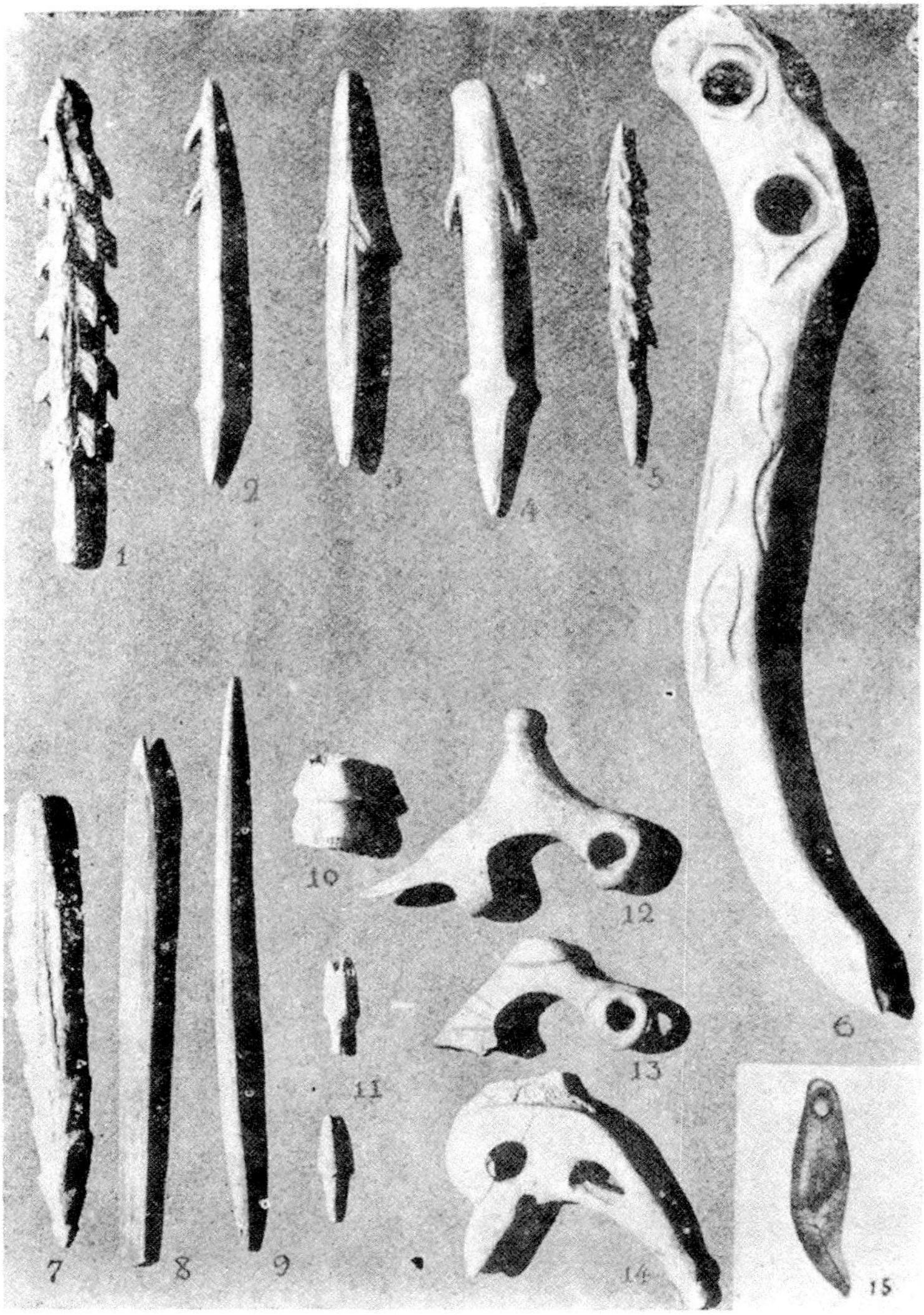

歐洲及日本發見骨角器

(一) 歐洲舊石器時代

(1)—(6) 佛國發見マデレーヌ期骨角器

(二) 日本新石器時代

(7) 骨銛(下總)　(8)(9) 骨針(下總)

(10) 骨製浮袋口(武藏)

(11) 骨製弓筈(三河)及骨鏃(常陸)

(12)(13) 角製裝飾品(備中)　(14) 同上(陸前)

(15) 猪牙裝飾品(肥後)

第二版 土器一

（1）石器時代縄紋式土器

（2）彌生式土器

（3）祝部土器

日本發見各種土器

第一二版　土器　二

1

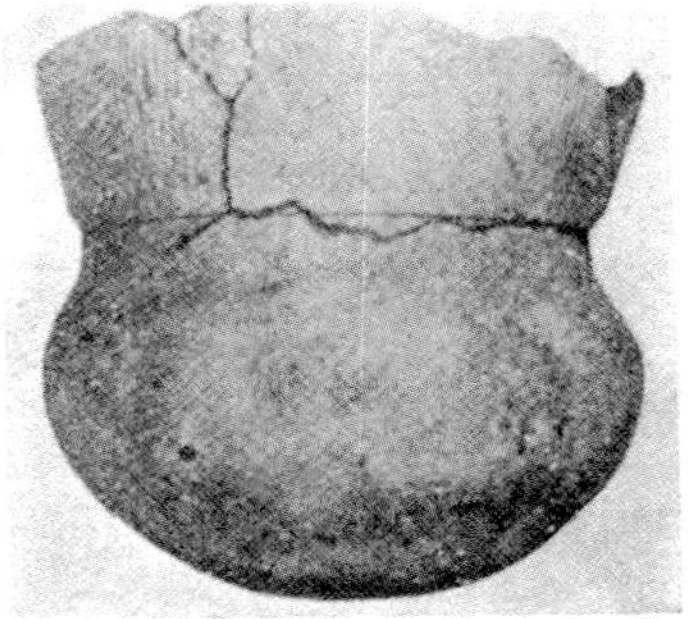

2

3

4

（1—3 北米土人土器
4 南米ペルー土器）

古代亜米利加土器

第一三版　土器　三

（左行）英國新石器時代土器

（右二行）英國青銅器時代土器

第一四版　土器四

1

2

3

(1)傳殷墟發見白色刻畫土器
(2)綠釉漢式土器
(3)著彩漢式土器

第一五版　青銅器　一

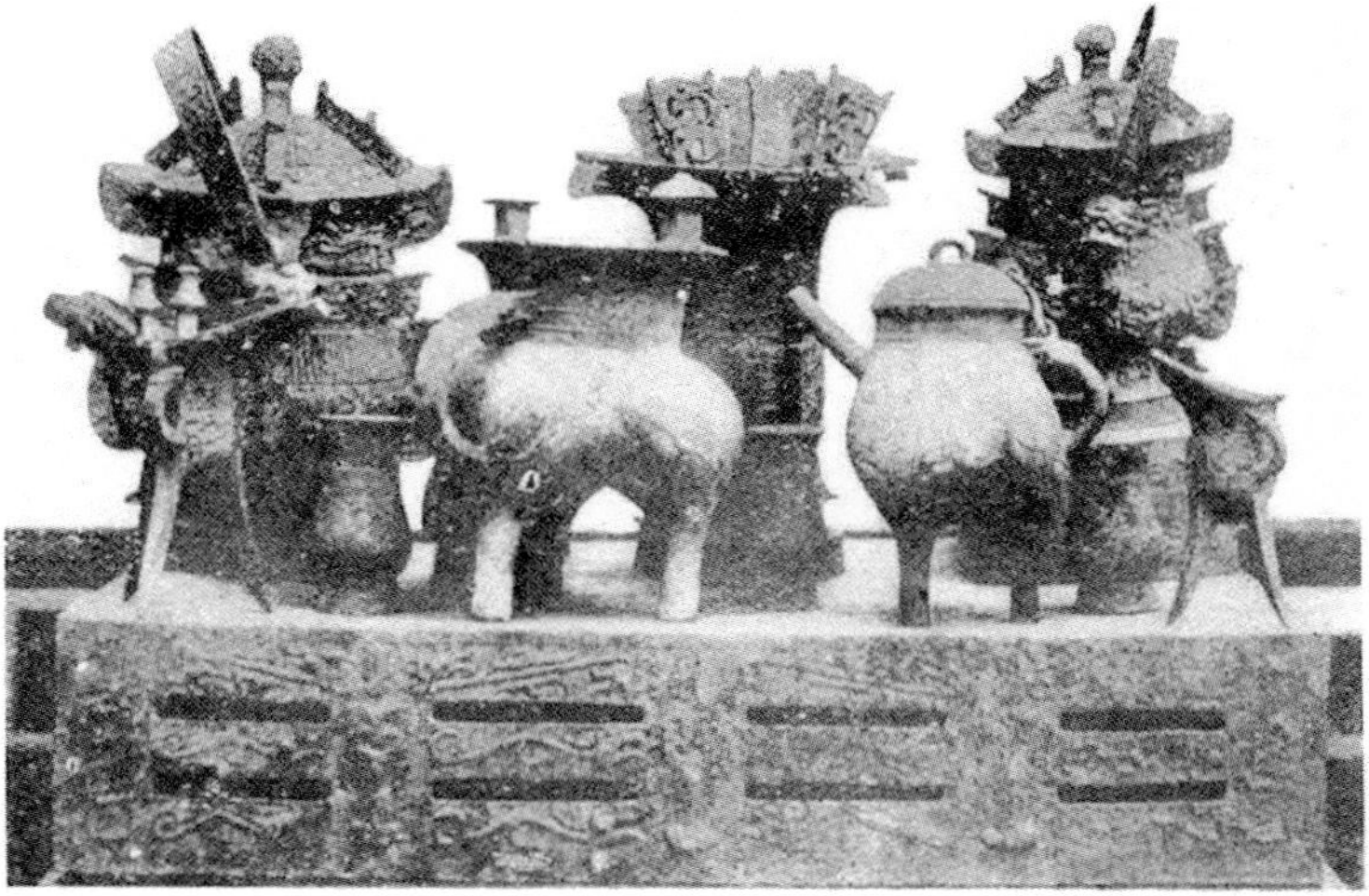

支那青銅器　　端方舊藏柉禁

(1)銅鐸
(2)銅鉾
(3)銅劍

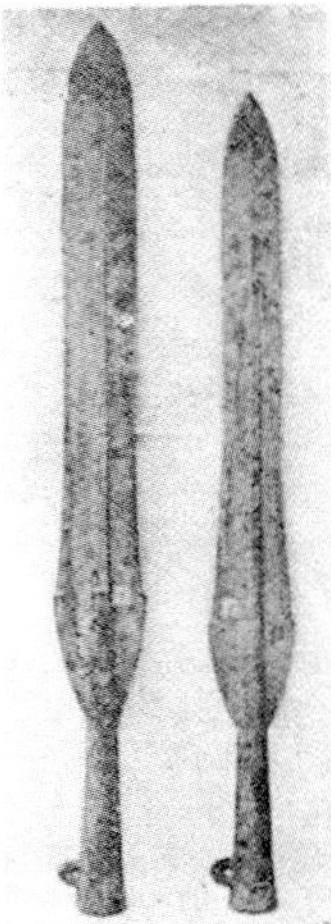

日本青銅器

第一六版　青銅器　二

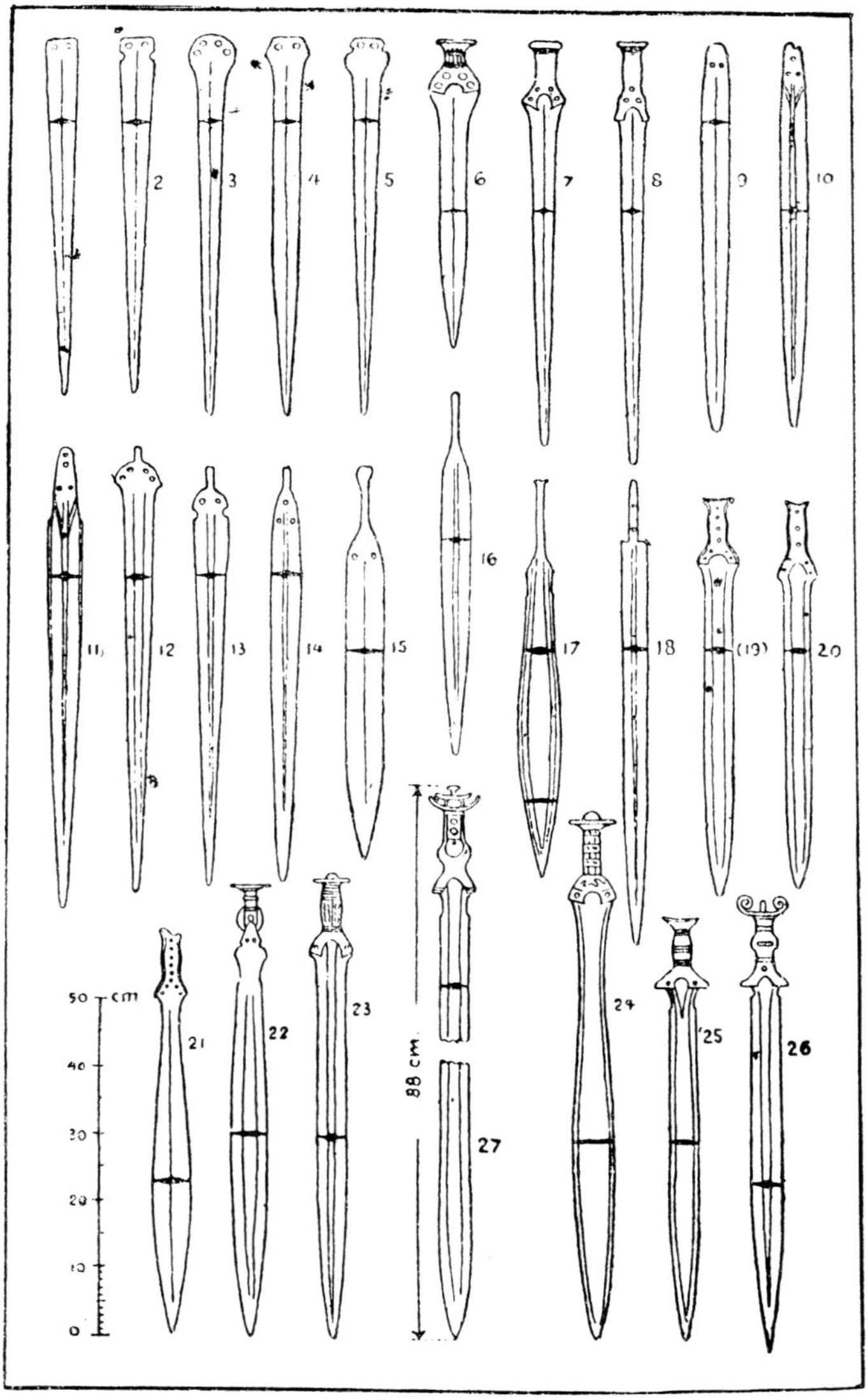

獨逸發見青銅劍圖

第一七版 装飾品 一

(1)埃及第十二王朝

(2)日本原史時代

(3)朝鮮新羅時代

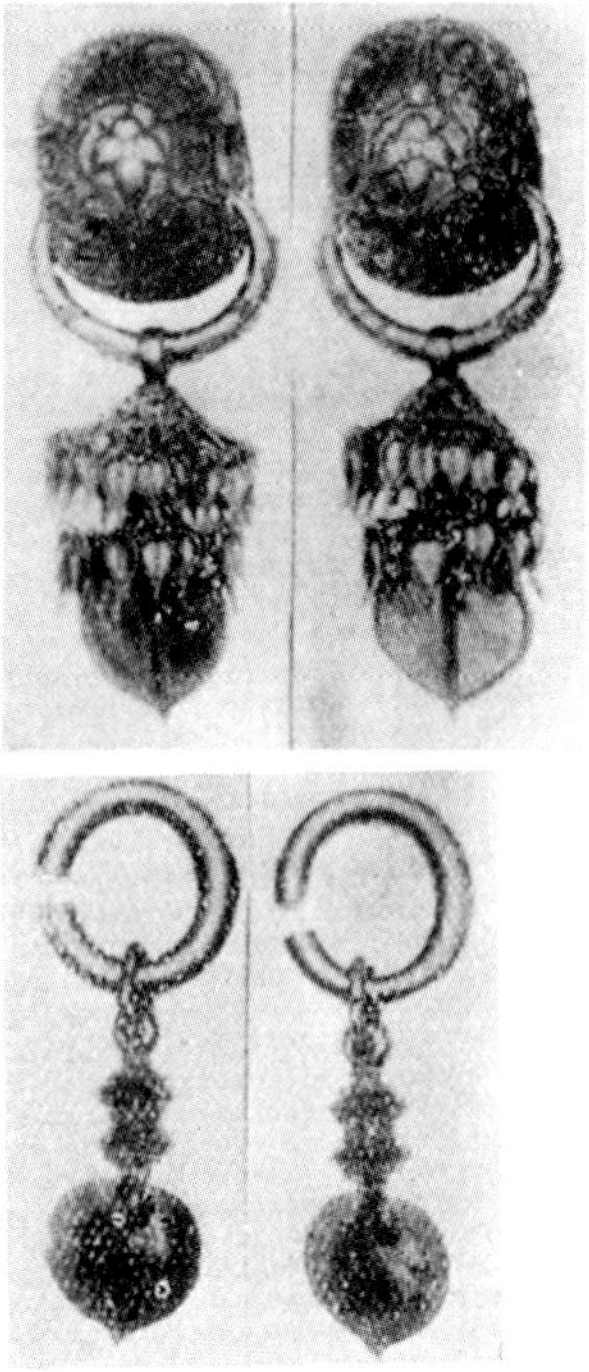

（1）埃及ダシュール發見寶飾
（2）肥後江田古墳發見金製裝飾品
（3）朝鮮慶州古墳發見金製耳飾

第一八版 裝飾品 二

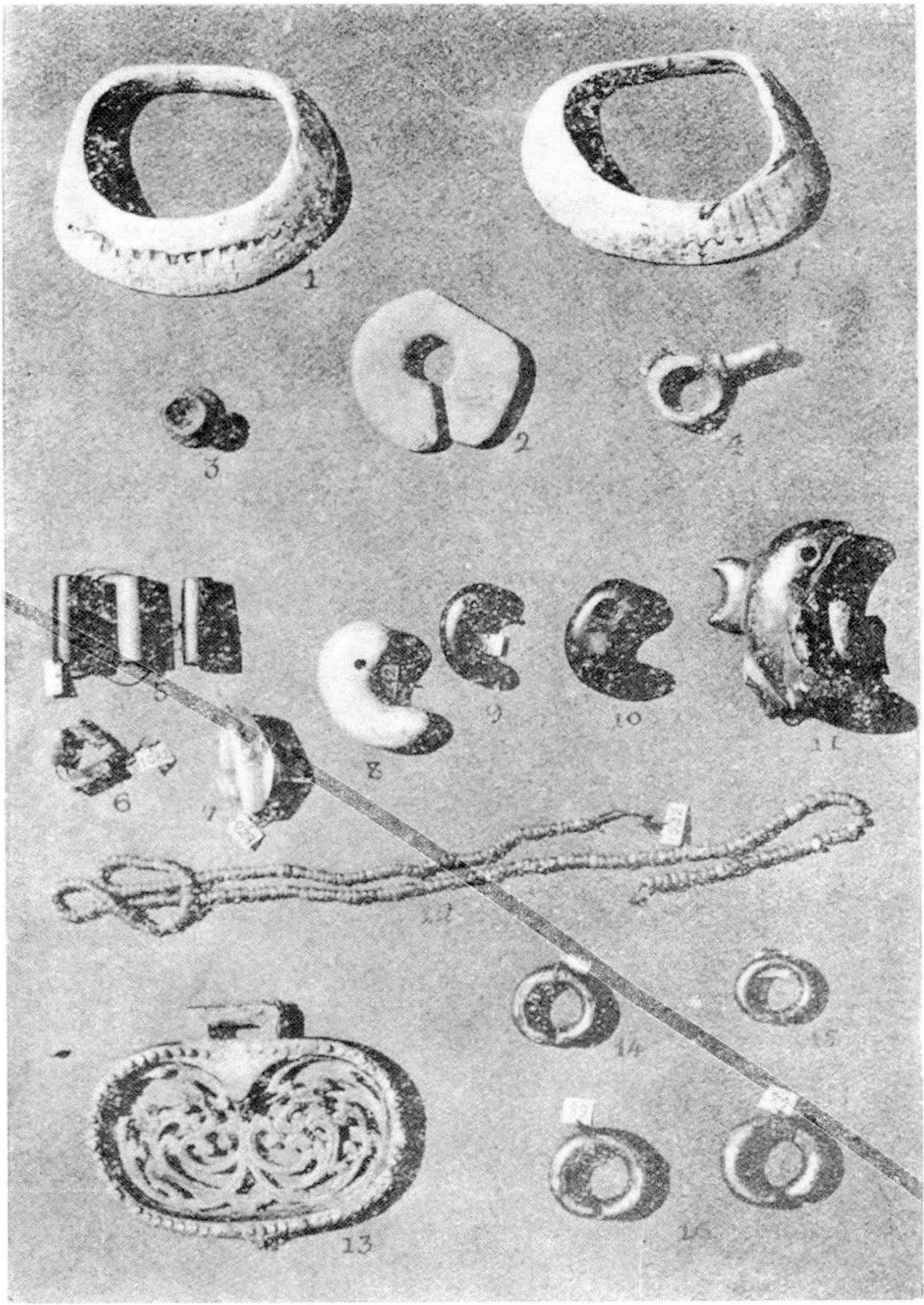

日本石器時代古墳及發見裝飾品

（一）石器時代

（1）貝輪（備中津雲貝塚）
（2）石製耳輪（河内國府）
（3）土製耳飾（同上）
（4）骨製裝飾品（同上）

（二）古墳時代

（5）管玉（信濃）
（6）管玉（山城久津川）
（7）切子玉（但馬）
（8）曲玉（朝鮮慶州）
（9）曲玉（丹後）
（10）曲玉（山城久津川）
（11）子持曲玉（下總）
（12）琉璃小玉（日向西都原）
（13）鍍金馬具（筑前）
（14）（15）（16）金環（大和）

第一九版　彫刻及繪畫

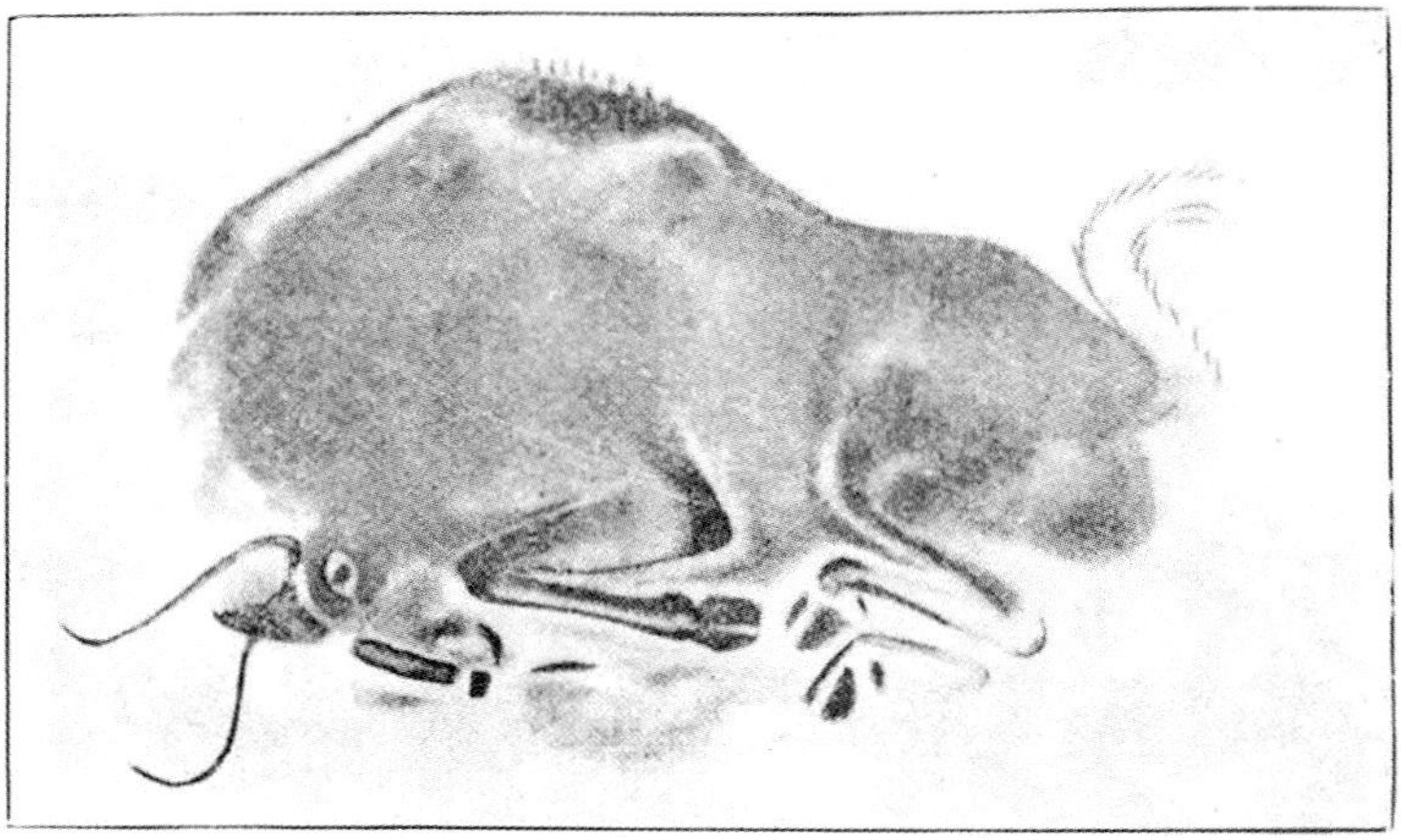

〔群像中の一ビゾン〕

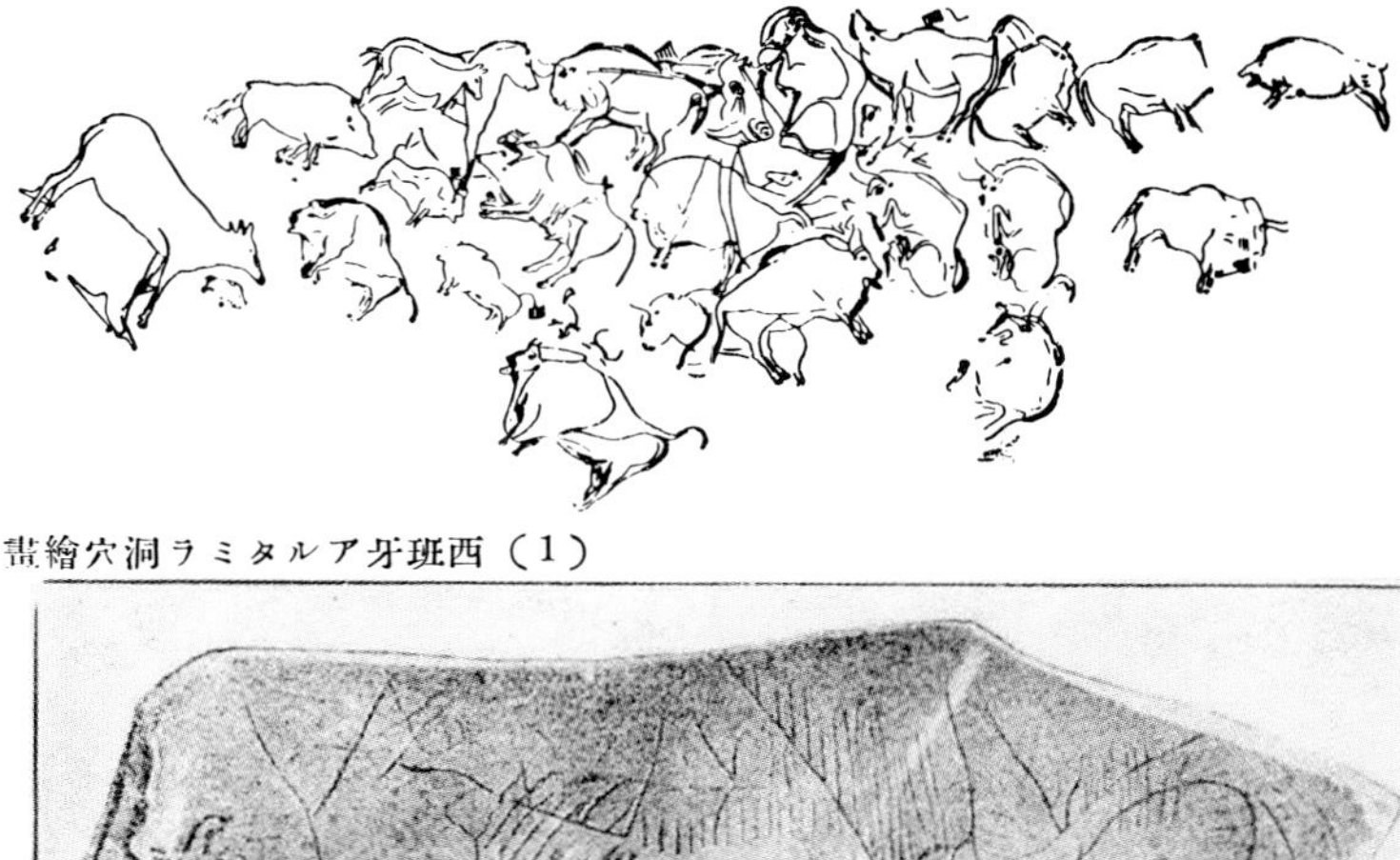

〔群像〕

（1）西班牙アルタミラ洞穴繪畫

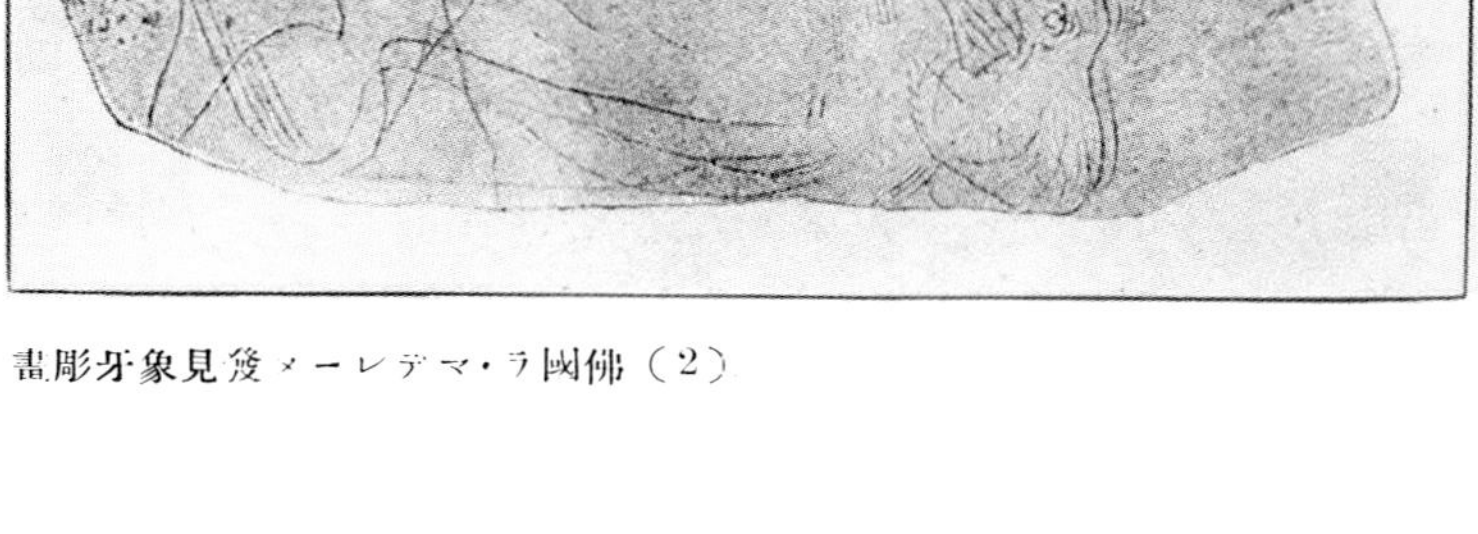

（2）佛國ラ・マデレーヌ發見象牙彫畫

第二〇版 彫刻

(上左)支那唐代女俑

(下)同上唐代牛馬像

(上右)鎌倉采女塚發見

埴輪女像

第二一版　墳墓表飾

（上）肥後六嘉古墳石室内障屏彫刻

（下）筑後月ノ岡古墳石室奥壁彩繪

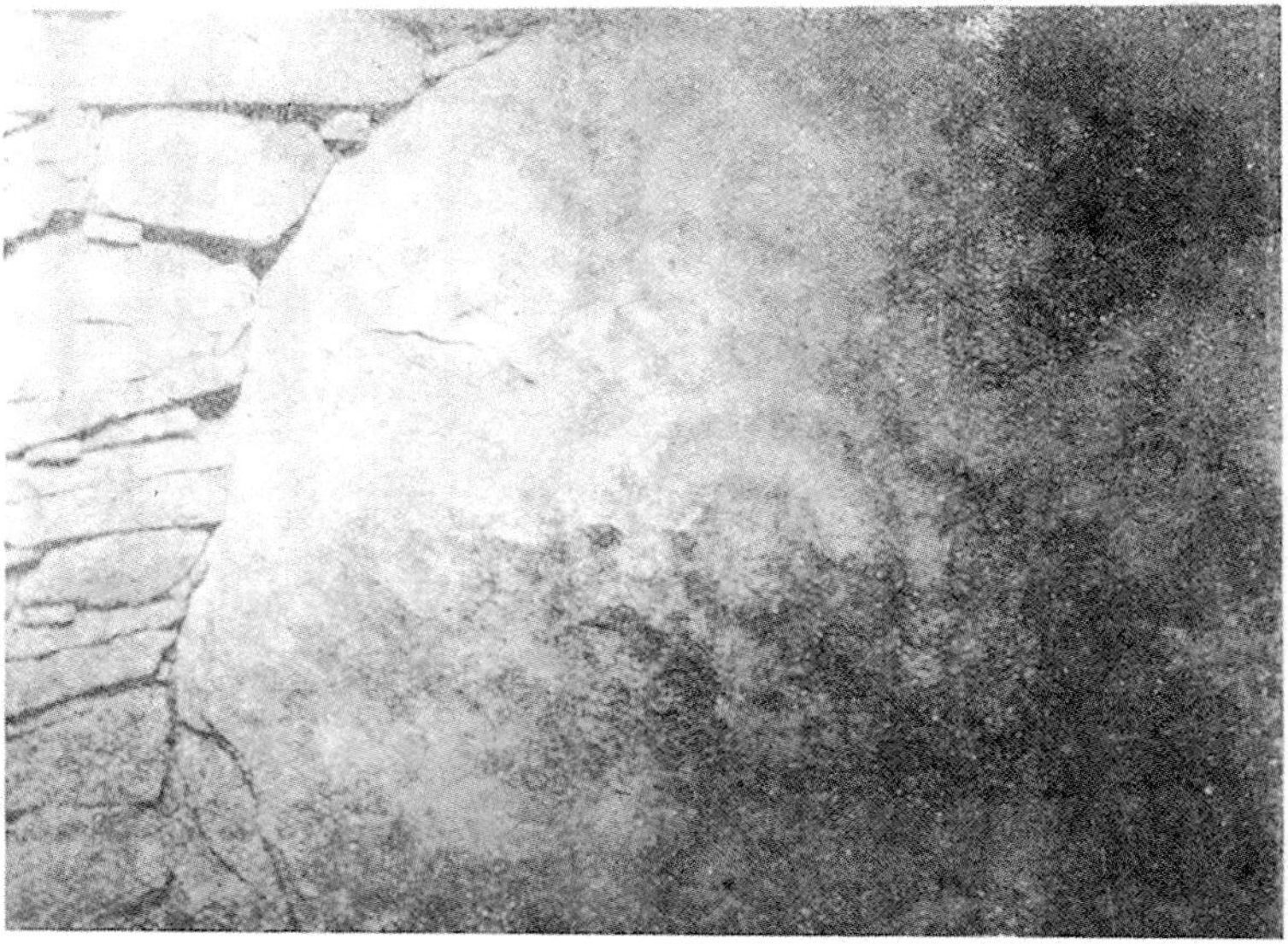

第二二版　住宅建築を模せる古墳

(1)「椅子と楯の墓」

(2)「アルコヴァの墓」

伊太利チエルヴエテリ
エトルスキの古墳

肥後國玉名郡石貫村横穴第七號

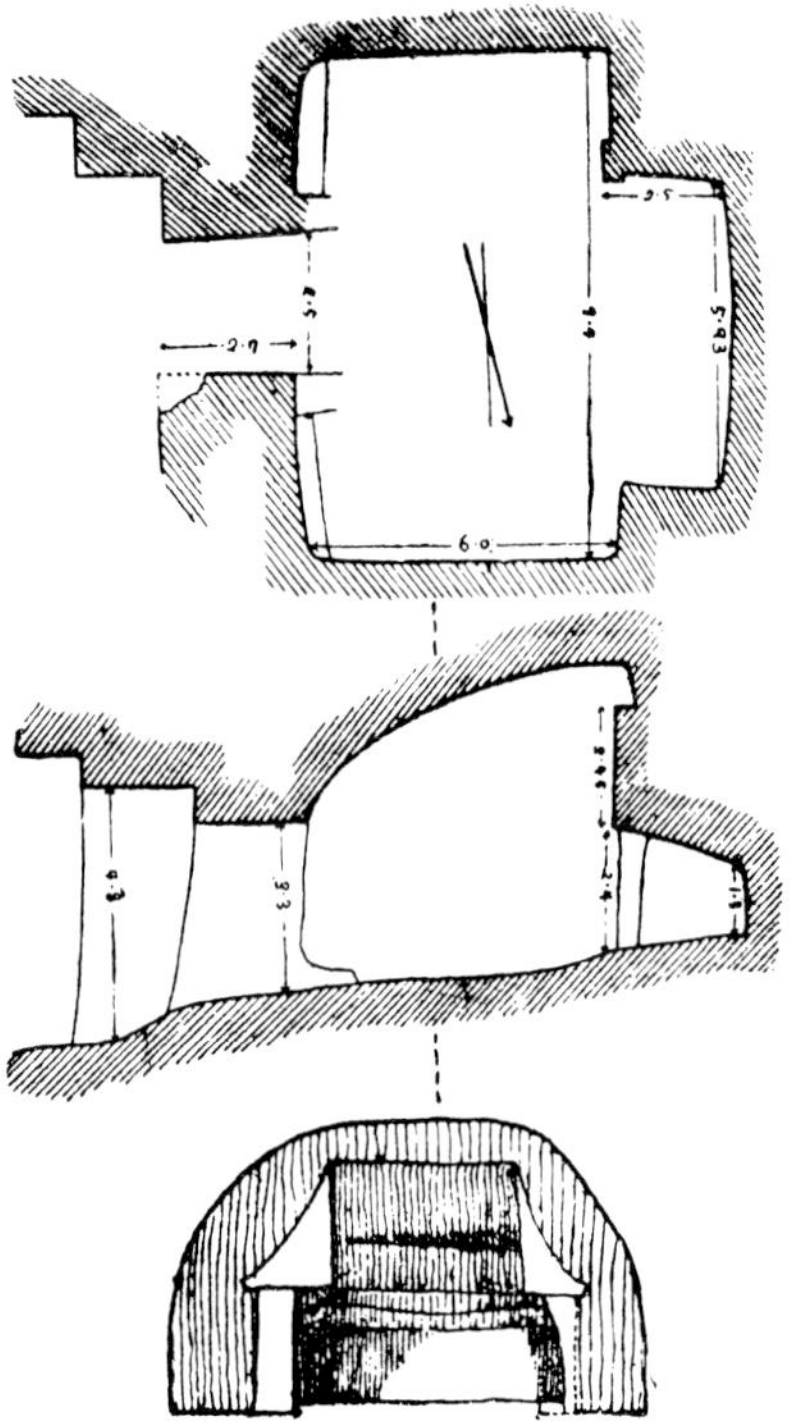

同横穴第二號

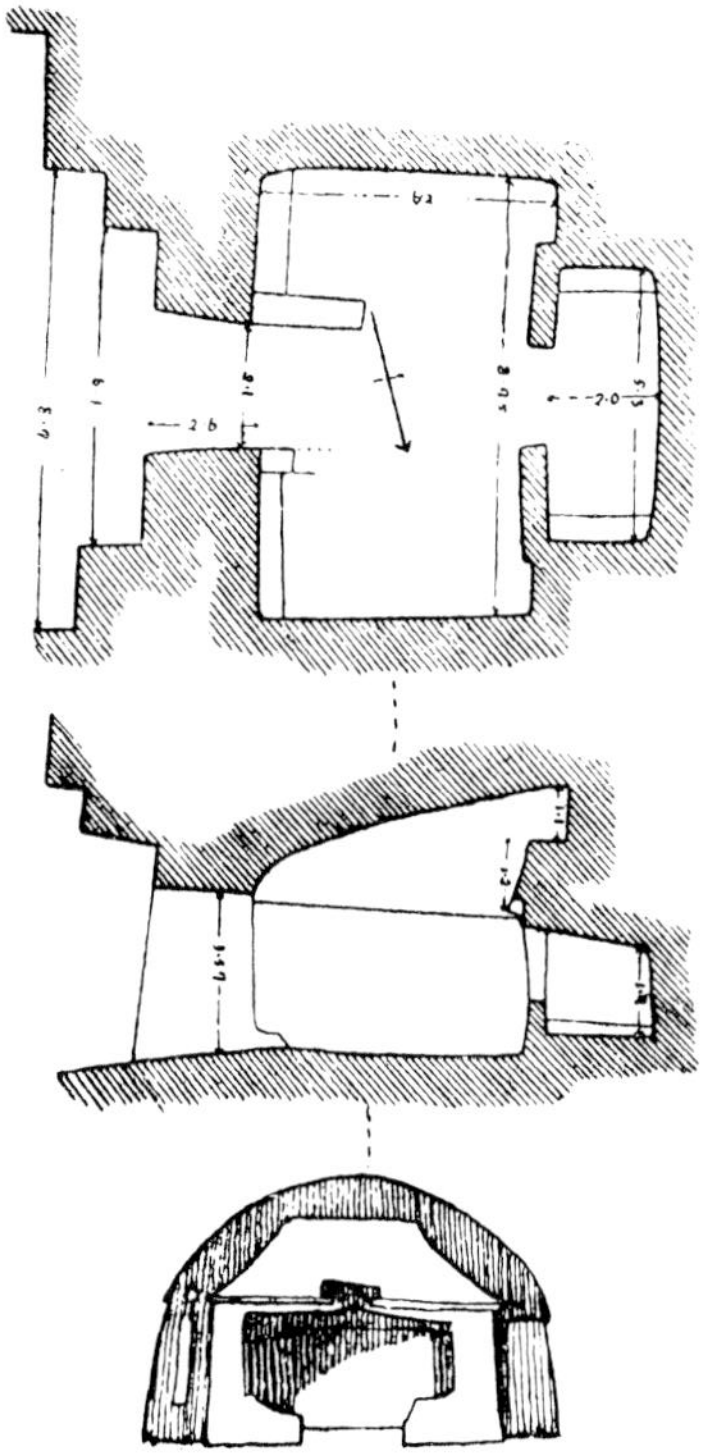

第二三版　建築を示せる古墳

第二四版 石器時代墳墓

埃及ナガ、エド、デルの先史古墓人骨

備中津雲貝塚石器時代人骨

第二五版　「ドルメン」式古墳

(1) 英國「キツコチハウス」の「ドルメン

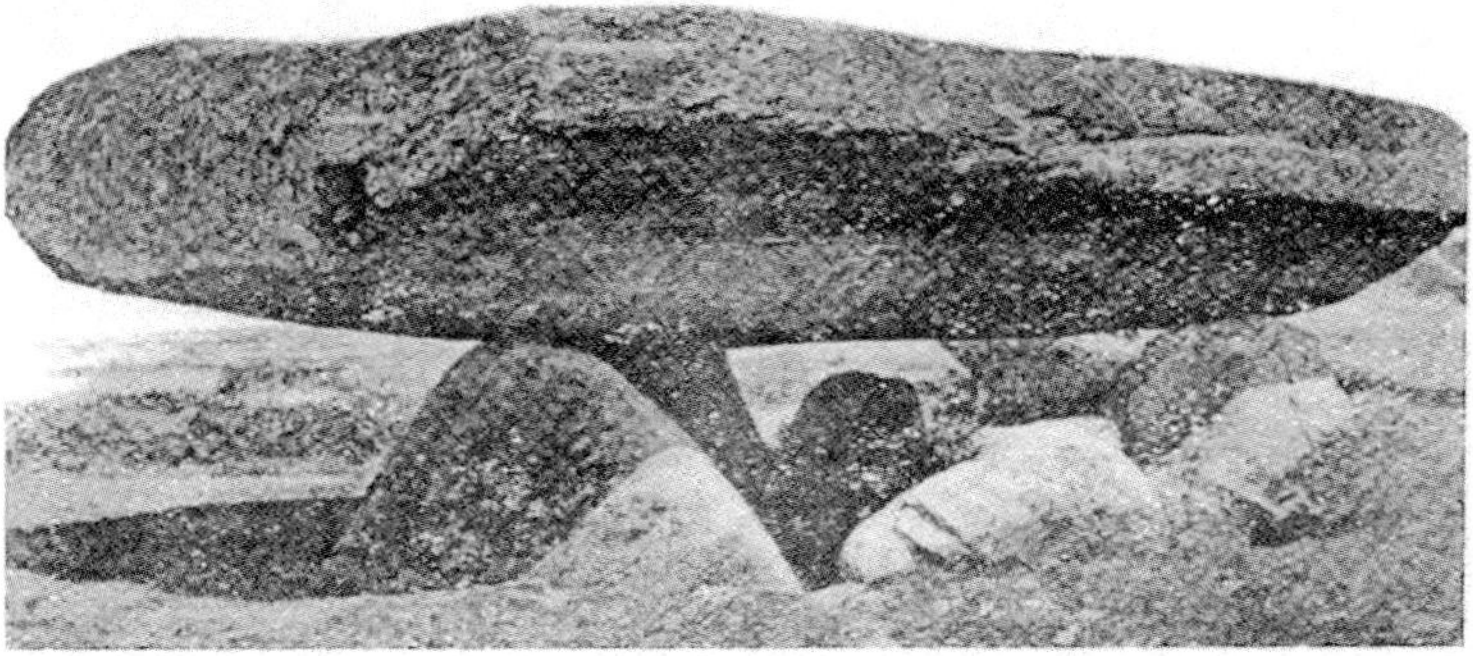

(2) 佛國ブレターニユの「ドルメン」

(3) 朝鮮殷栗の支石塚

第二六版　石室古墳　一

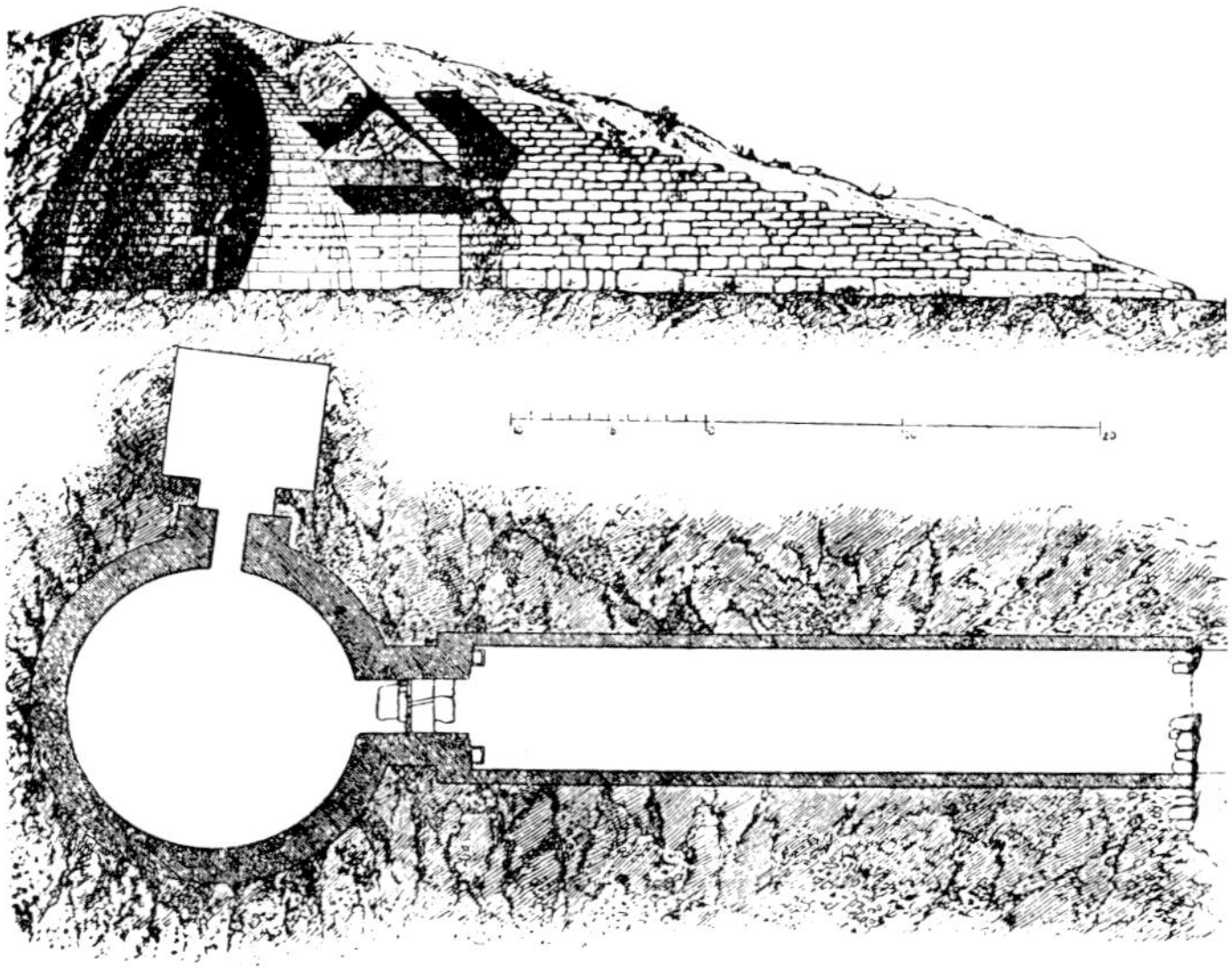

（1）希臘ミケーネ「アトレウスの寶庫」古墳

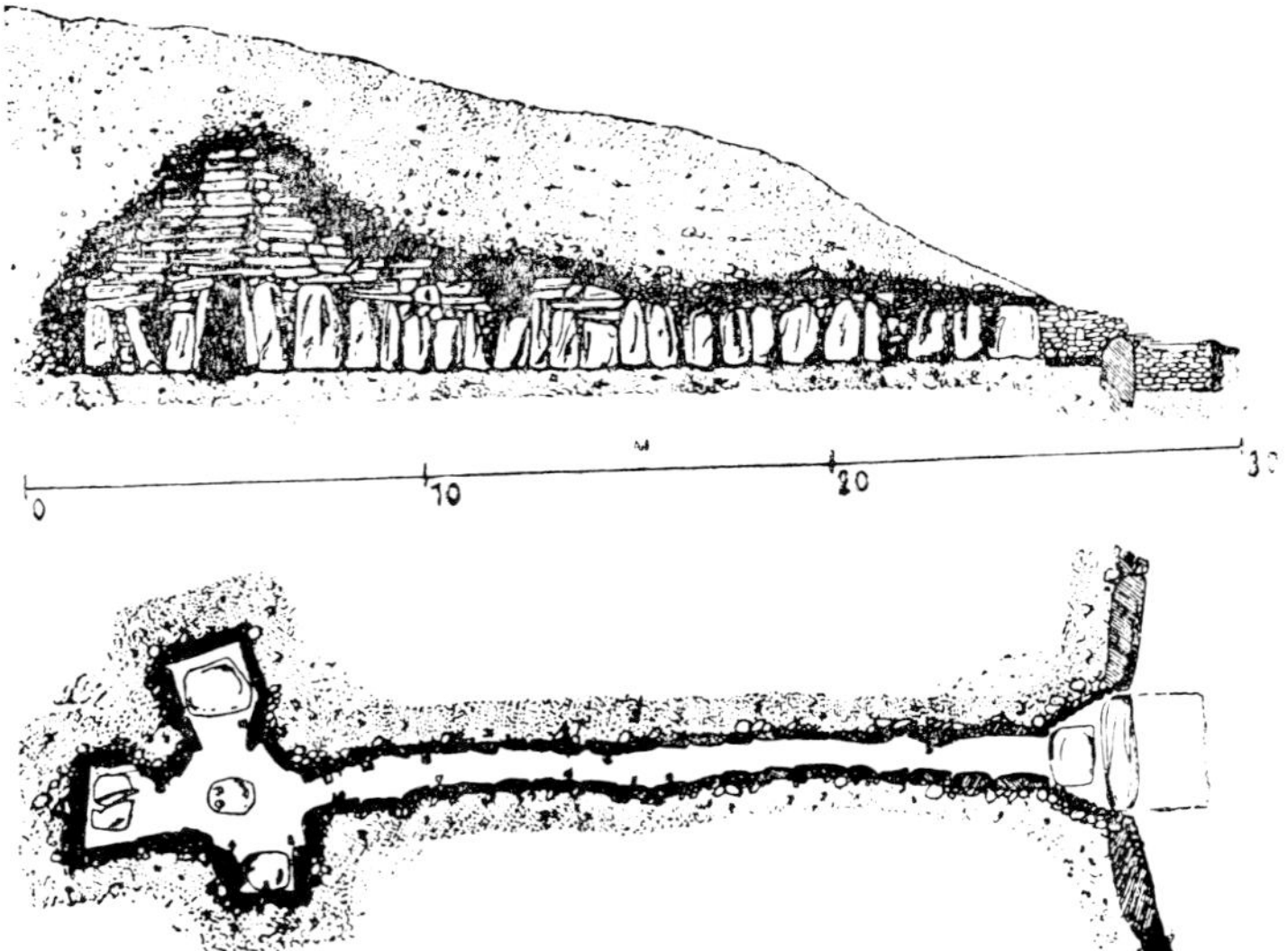

（2）愛蘭ニウ・グレンヂ古墳

第二七版　石室古墳　二

河内平尾山古墳暴露石室

大和阿部文殊古墳石室

第二八版　高塚

（1）伊太利チエルベテリのエトルスキ古墳

（2）朝鮮慶州皇南里古墳

（3）大和高市郡市尾瓢形古墳

第二九版　棺槨

河内安福寺石棺

山城久津川車塚石棺

第三〇版　巨石記念物　一

(1)英國メリヴァールの「メンヒル」

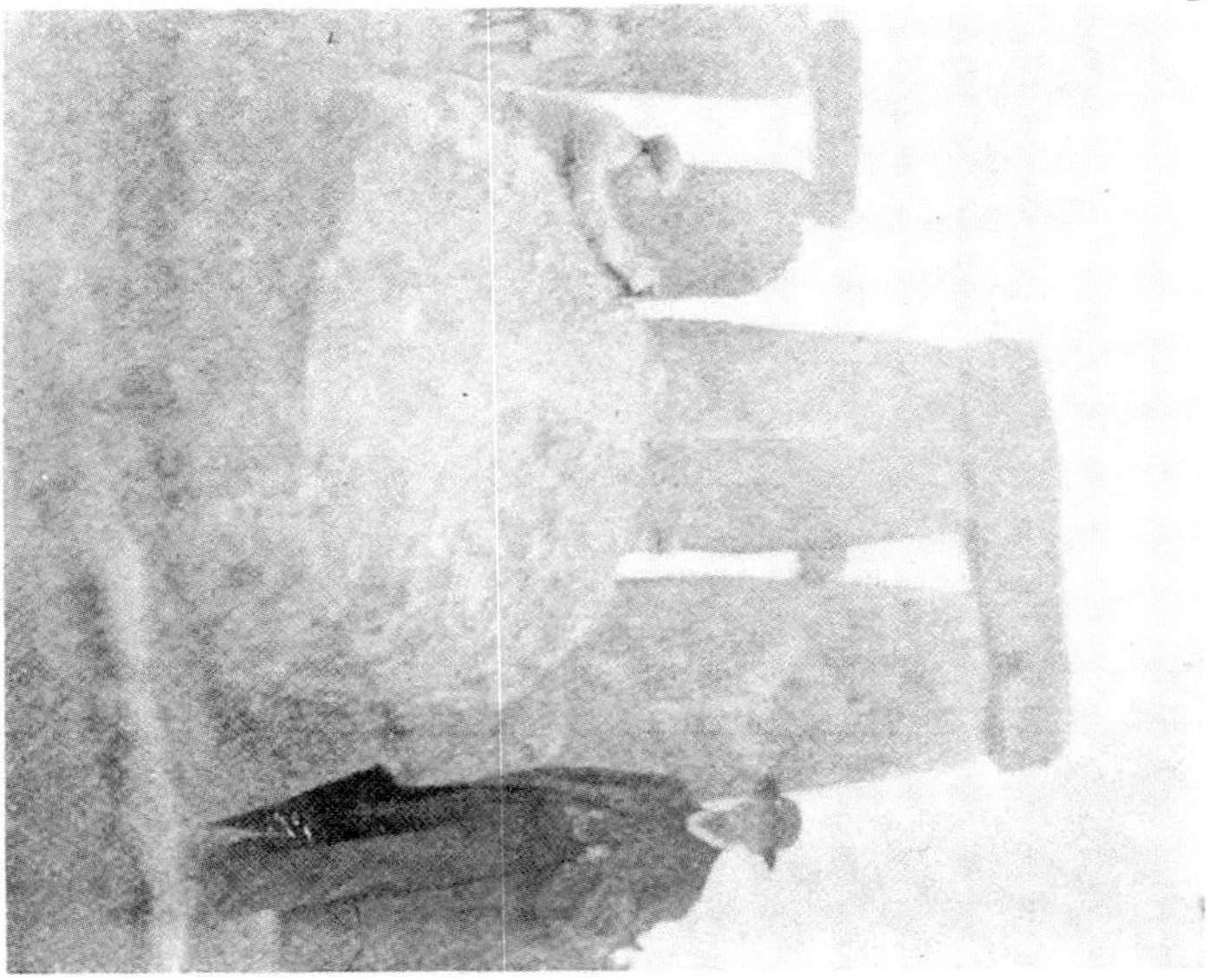

(2)英國ストンヘンヂの「クロムレヒ」

第三一版　巨石記念物　二

(1)

(2)

(3)

(4)

（1）英國ストーンヘンヂの「クロムレヒ」
（2）英國サドルバツク山下の「クロムレヒ」
（3）愛蘭スリコの「クロムレヒ」
（4）佛國カルナツクの「アリニユマン」

第三二版 湖上住居

（1）瑞西メルリンゲン湖底遺址

（2）ニュウ、ギニヤ水上住居

（3）瑞西湖上住居想像圖

第三三版　市街遺跡　一

クリート島グルニヤ市址寫眞及平面圖

第三四版　市街遺跡　二

支那新疆ニヤ附近村落

伊太利ポムペイ市(模型寫眞)

第三五版　交通工業の遺跡

羅馬ヴイヤ・アピヤ舗石の古道

〔グリンフィルド氏寫眞〕

シカヤリ島セリヌンテ石切場の遺跡

第三六版　發掘一

〔著者寫眞〕

伊太利チエルベテリに於ける
エトルスキ古墓發掘

第三七版　發　掘　二

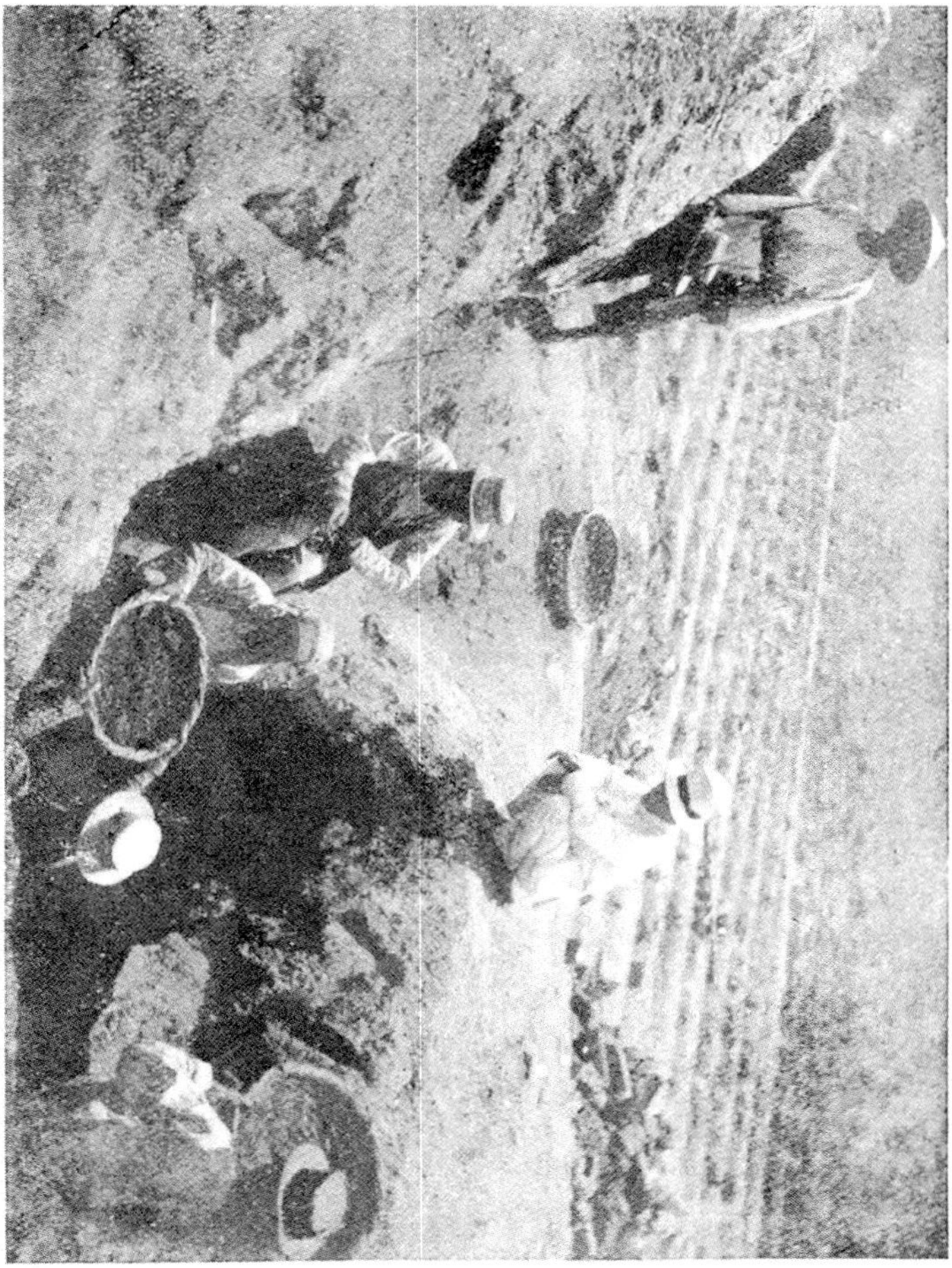

南滿洲牧城驛漢代古墳發掘

第三八版 發掘 三

朝鮮星州古墳の發掘

朝鮮金海貝塚の發掘

第三九版　發掘四

「ペトリー教授快諾轉載」

埃及發掘の土砂運搬人夫の連鎖

第四〇版　寫眞の注意　一

發掘遺物撮影前の化粧

（左）日向西都原古墳前方部發見遺物

（右）埃及アザプの墳墓木床

第四一版　寫眞の注意　二

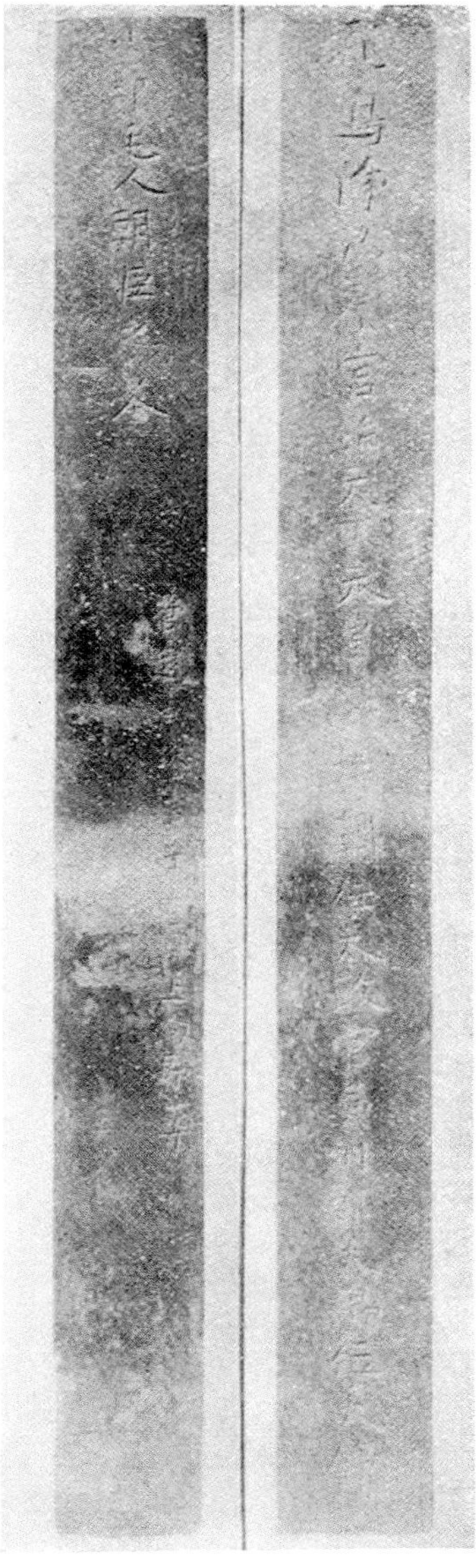

片光線にて撮影せるもの（表裏兩面全部）

片光線にて撮影せるものの一部

平光線にて撮影せるものの一部

小野毛人朝臣墓誌銘銅板

第四二版　寫眞の注意　三

1

2

3

（1）耶蘇教徒墓碑（刻字中に白き細砂を充塡せるもの）

（2）同上（否らざるもの）

（3）埃及象牙彫刻（刻字中上部は黒色下部は白色の物質を以て塡めたるもの）

第四三版　俯觀寫眞

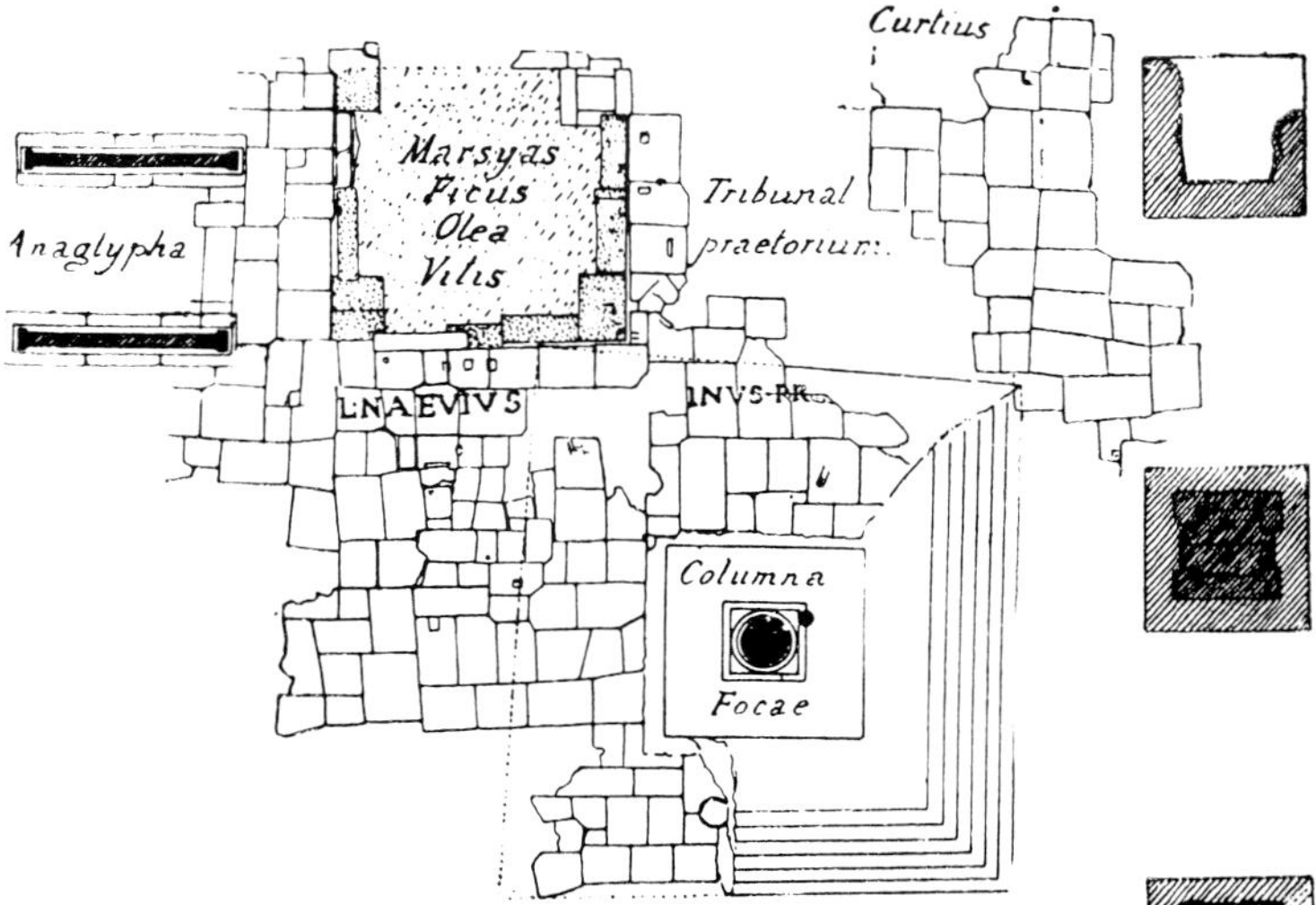

羅馬フオルムのフオキス記念柱附近
（上）俯觀寫眞　（下）平面圖

第四四版　拓本及模型寫眞

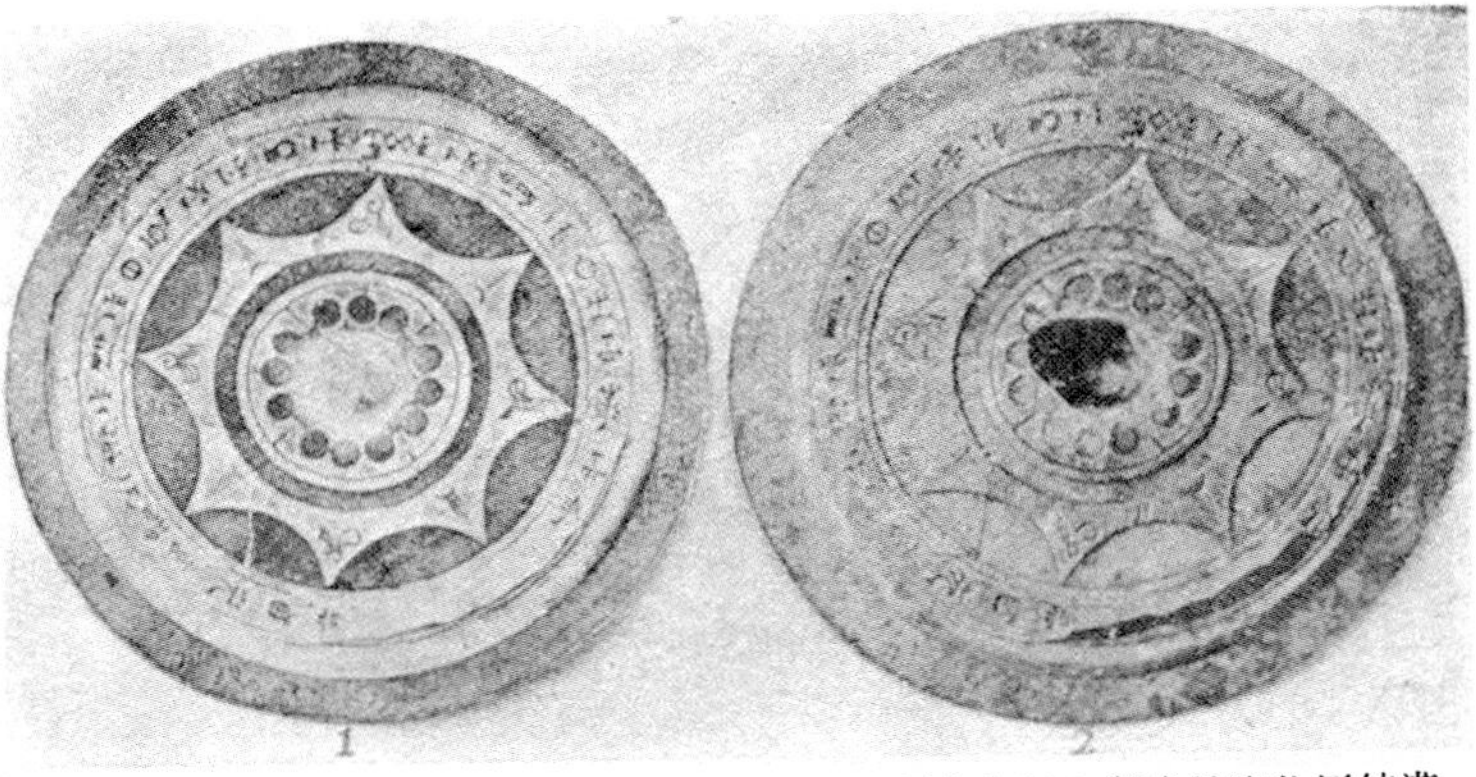
漢鏡原物寫眞(2)と拓本(1)

敦煌發見化度寺碑唐代拓本

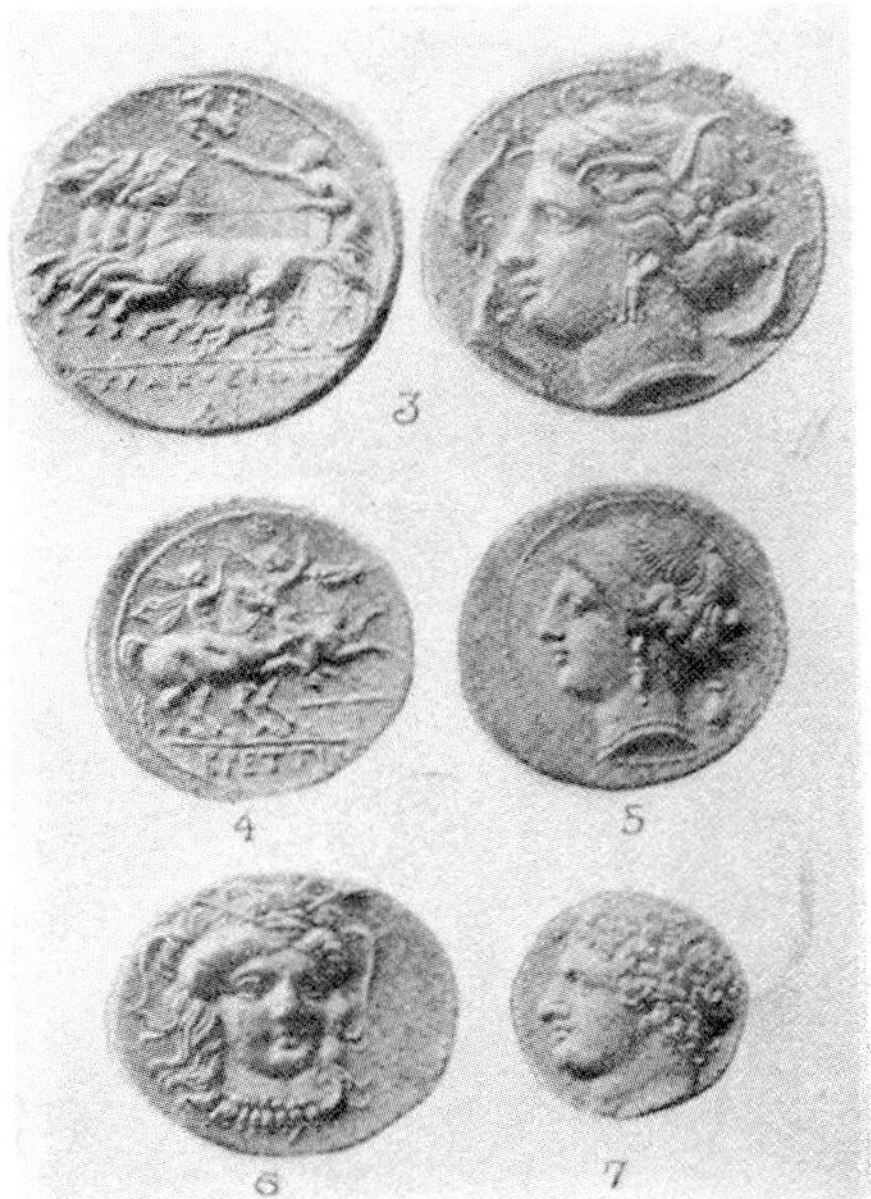
希臘古泉模型寫眞

第四五版　石膏模型

伊太利ポムペイ「新發掘」に於ける人體石膏型

第四六版　圖　寫

寫生圖式（北希臘土器）

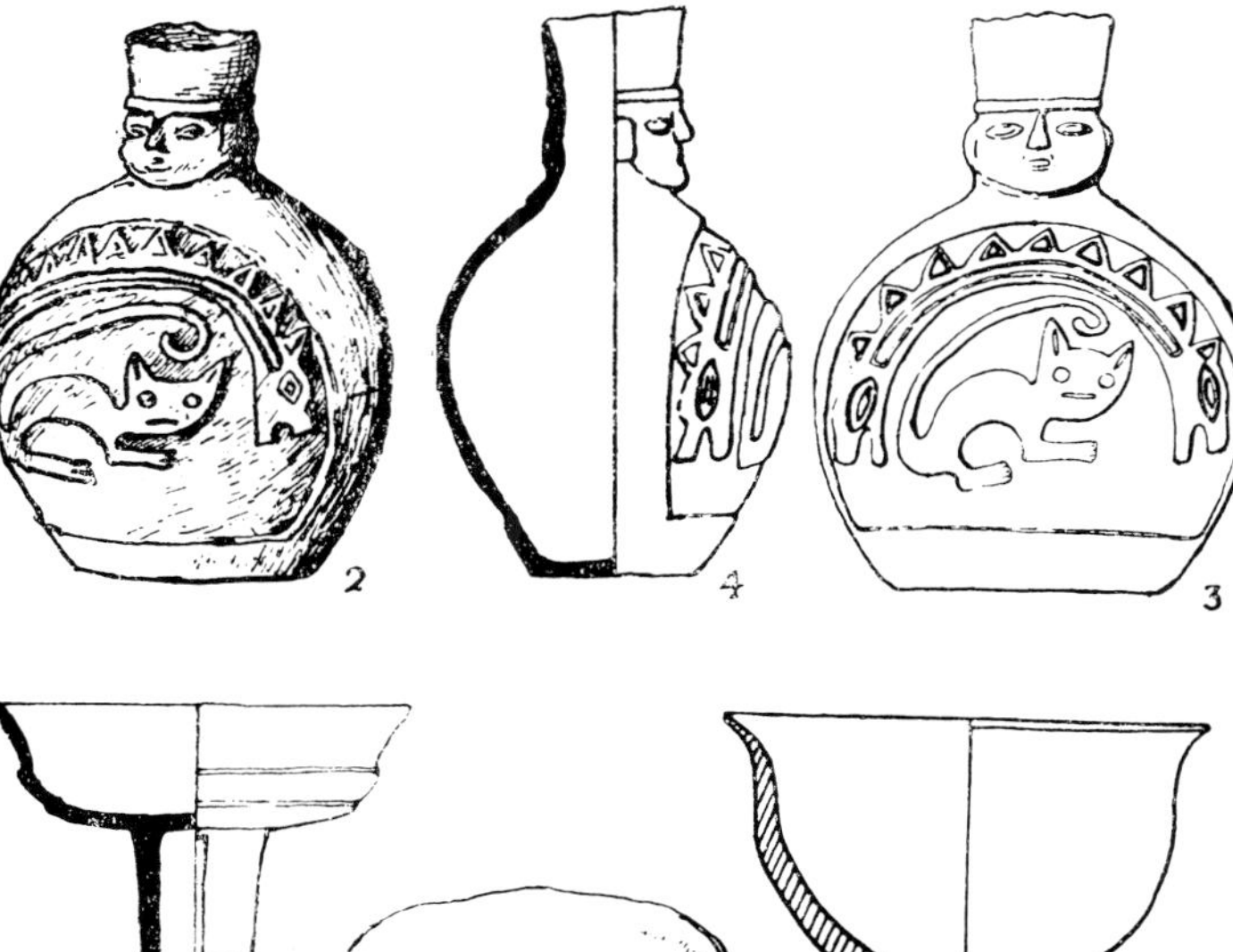

寫生圖式と製圖式（南米秘露土器）

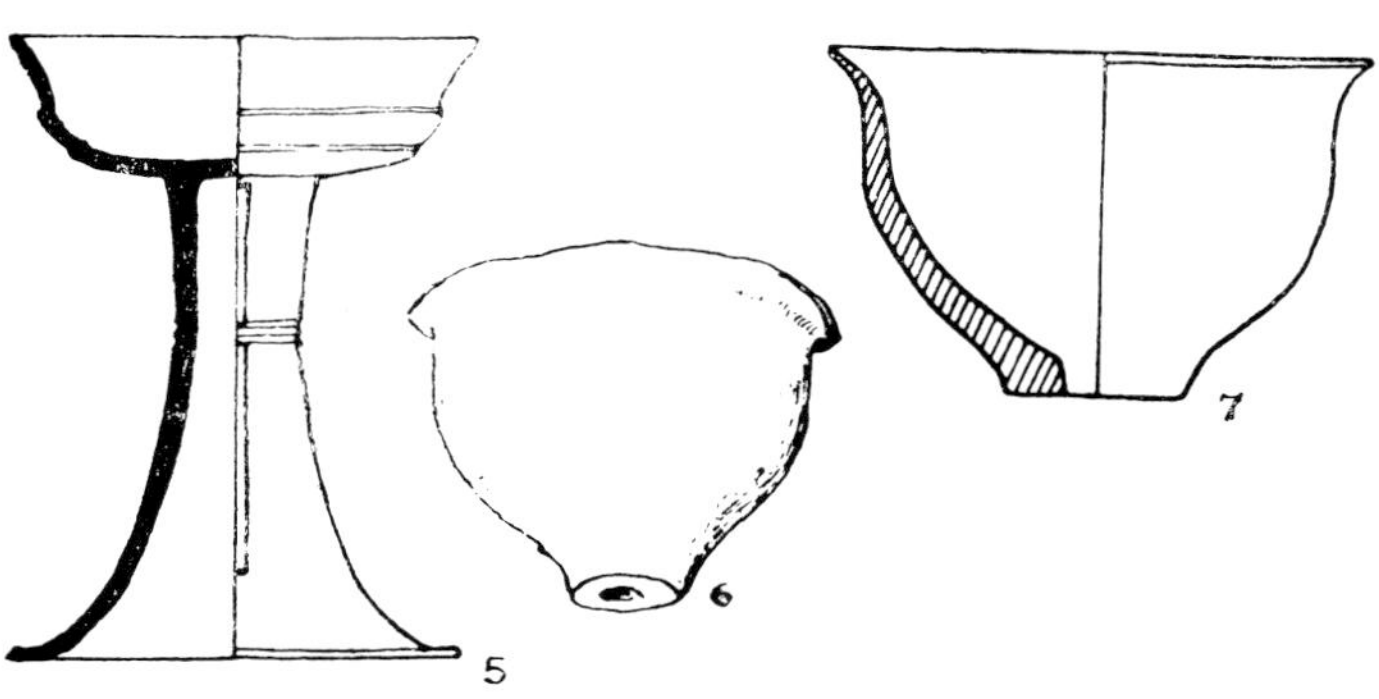

同上(5)祝部土器(6)(7)彌生式土器

第四七版　實測

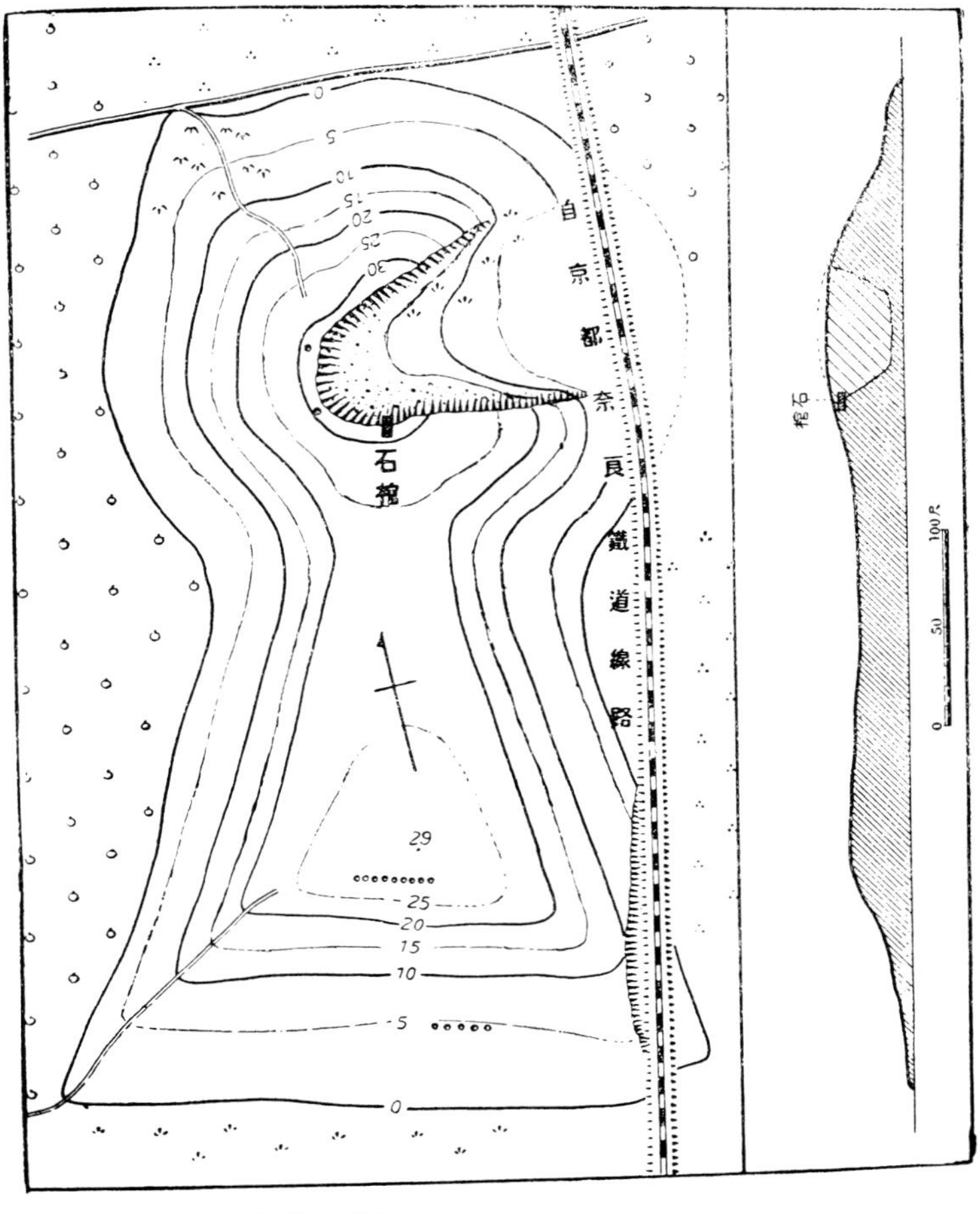

【梅原君原圖ニ據ル】

山城久津川村車塚古墳實測圖

第四八版　偽造古物

フリント・チャック偽造石器（左方の鐵器は製作用具）

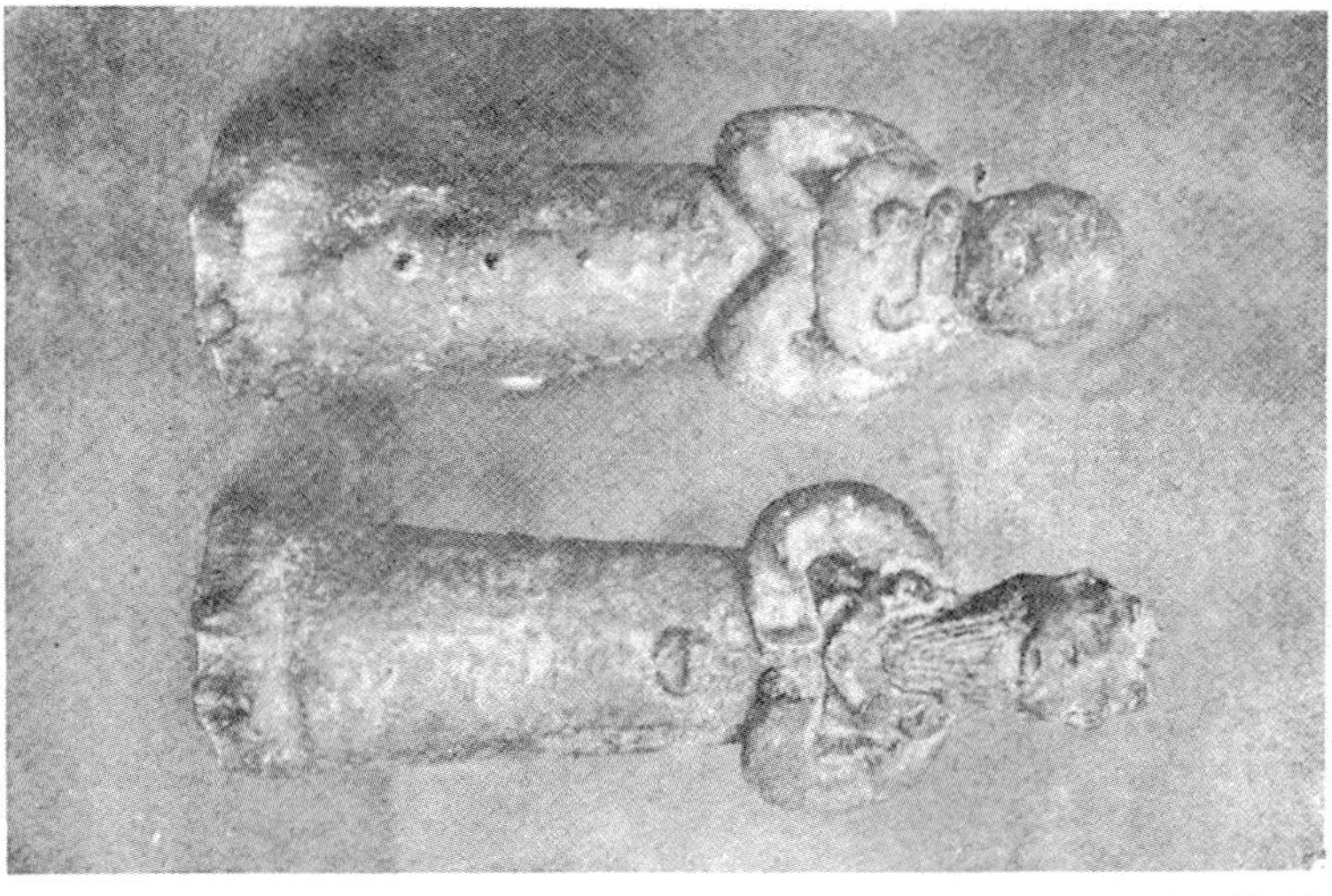

埴輪土偶の偽物

第四九版　遺物の聚成　一

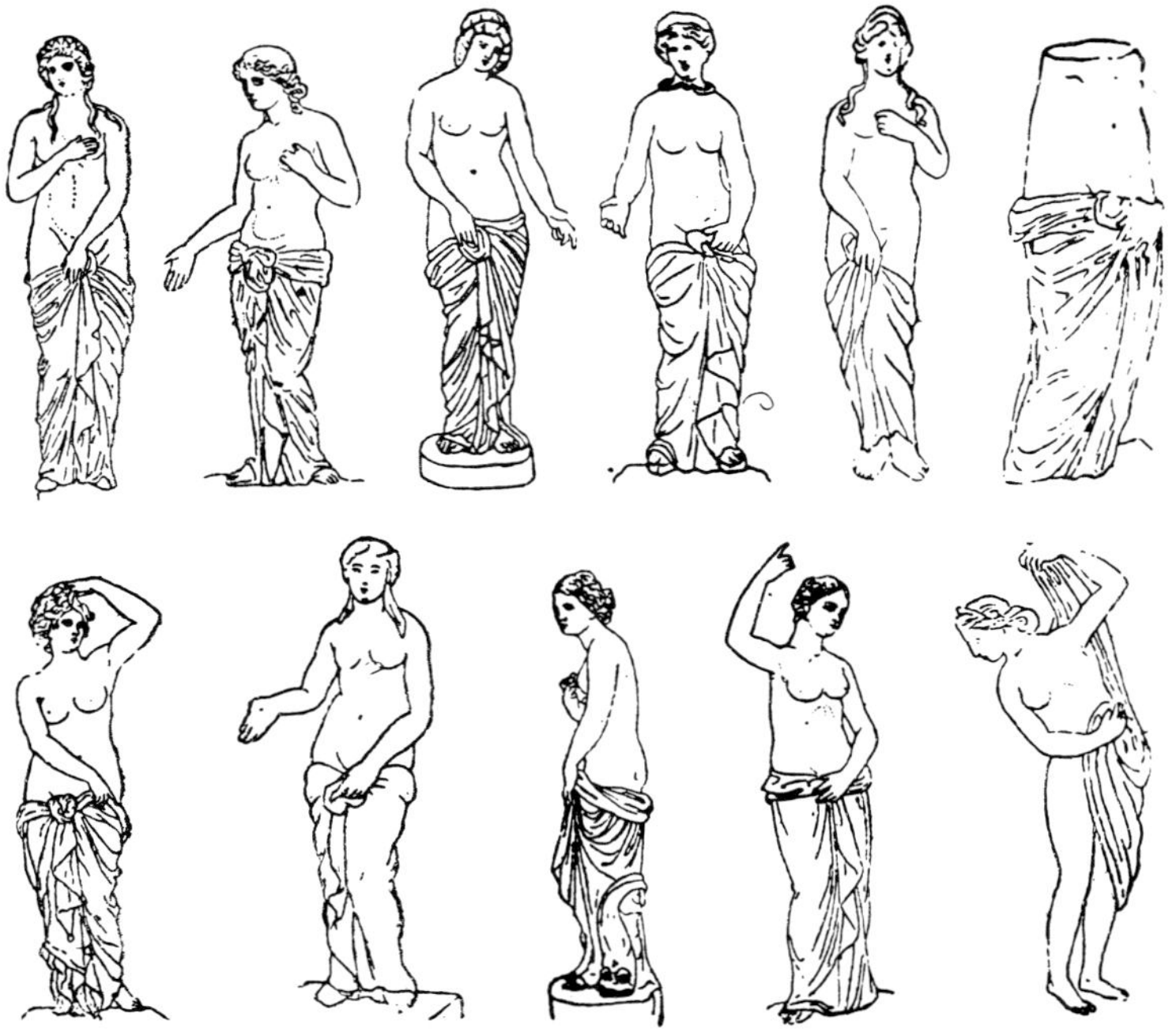

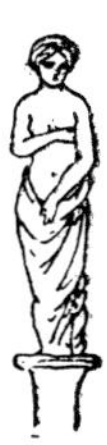

1. B. Brit. Mus. Gori, *Mus. Etrusc.* I. 94. Bernoulli, *Aphrod.* p. 261. *Brit. Mus. Br.* 1100. — 2. B. Catal. Rath, pl. IV, 70. — 3. Villa Negroni. Berlin 21. — 4. B. Biblioth. Bab. Bl. 222. *Gaz. arch.* 1875. pl. 33. HG. I, 291. Torques au cou. — 5. B. Trébizonde. Biblioth. Bab. Bl. 225. — 6. Carmona (Espagne). Phot. comm. p. Bonsor. — 7. Adam, 27. Statuette. Intéressante pour l'A. de Milo. — 8. B. Vienne. Sacken, XI, 8. — 9. Italie. Coll. Chevrier Ra. 1876, pl. 20. — 10. Coll. Despuig à Majorque. Bovér, 2. Hübner, 698 Mal restauré. — 11. Etain et plomb. Rottenburg. Jaumann, *Colon. Sumlocenne* (1840), pl. XXIV, 1. Plus que suspect. — 12. Dans le texte. Os Naples. Roux et Barré, VII, 93, 3. *Mus. Borb.* XI, 9, 12.

レナツク氏の「ルペルトアー」の一例

(希臘彫刻アフロヂテ像の一部)

第五〇版　遺物の聚成　二

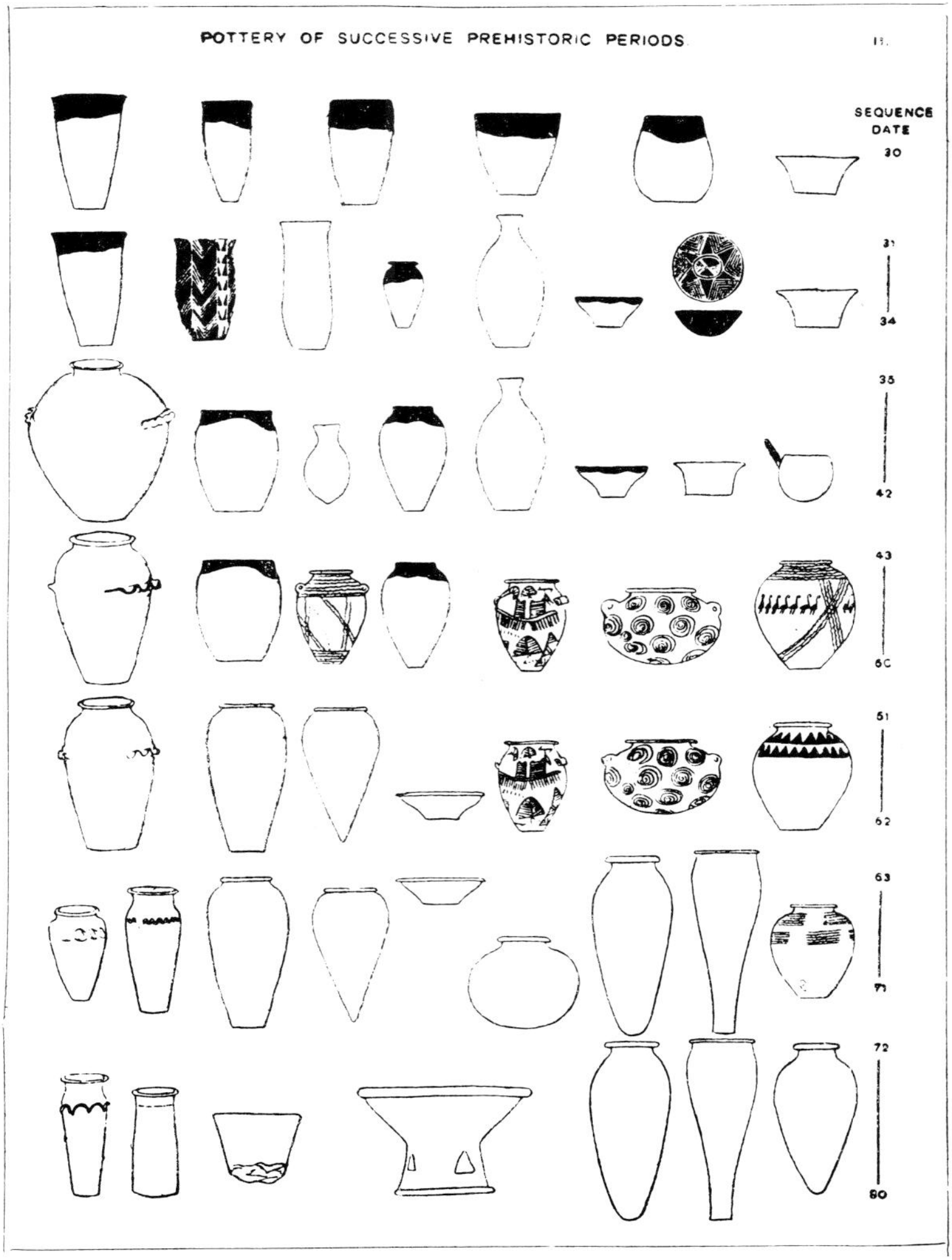

ペトリー氏の遺物聚成の一例

（埃及の有史以前土器）

第五一版　遺物の層位學的研究　一

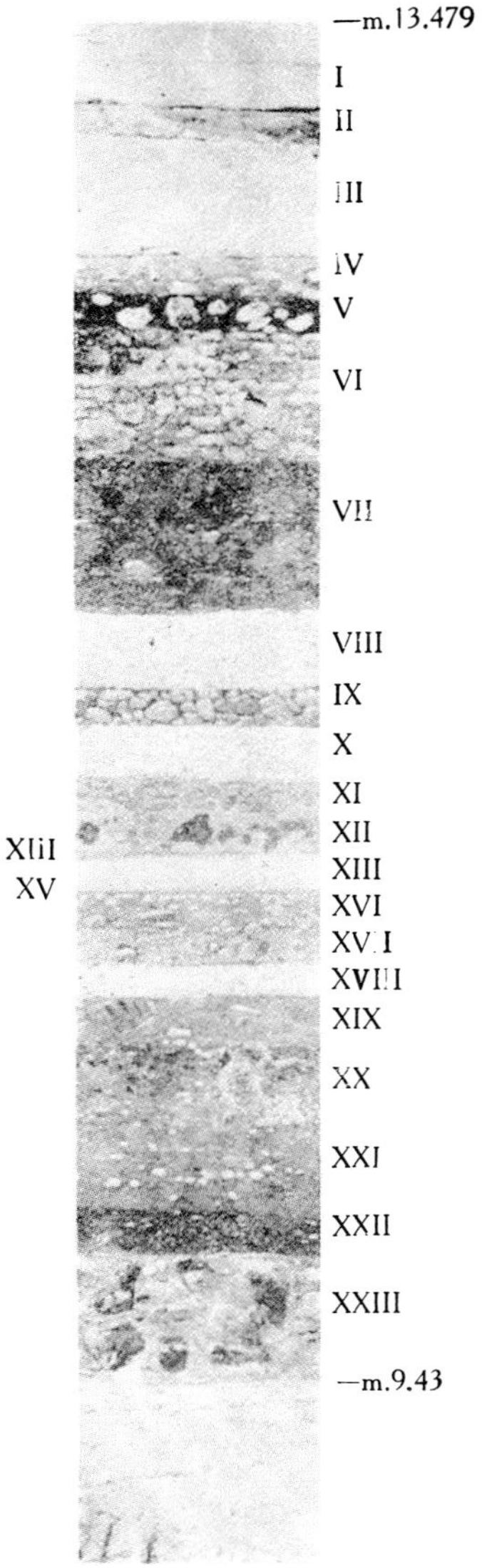

羅馬フオルム
コミチヨ附近

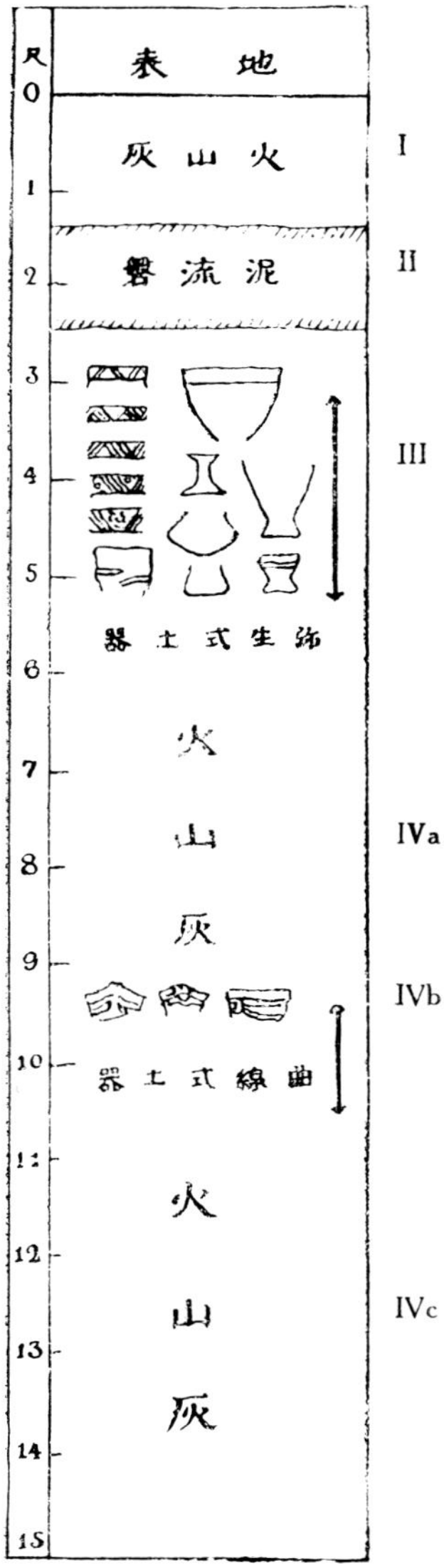

薩摩揖宿郡指宿遺跡

第五二版　遺物の層位學的研究　二

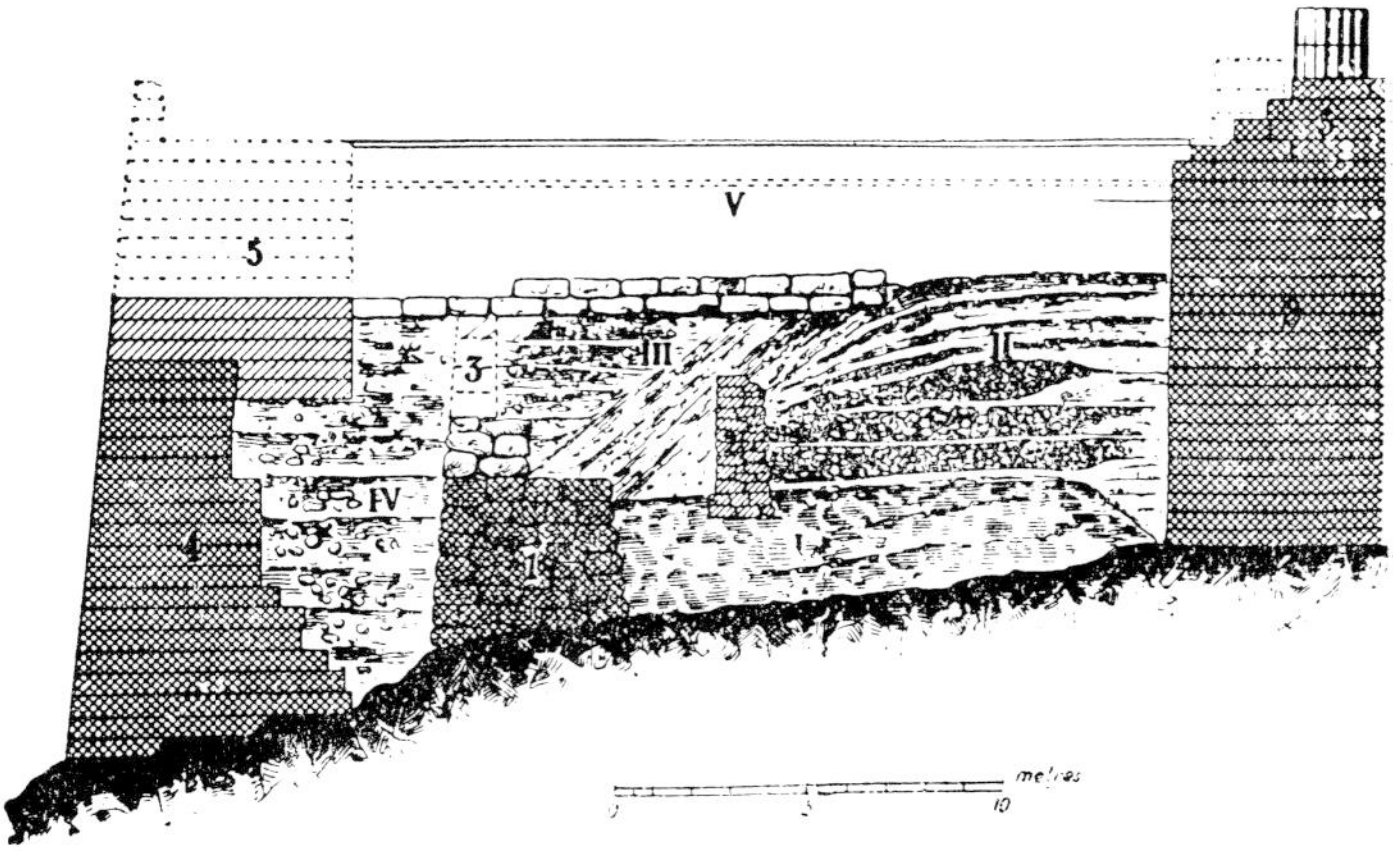

雅典アクロポリス横斷面圖

同上「ペルシヤ人堆積」斷面圖

第五三版　遺物の型式學的配列

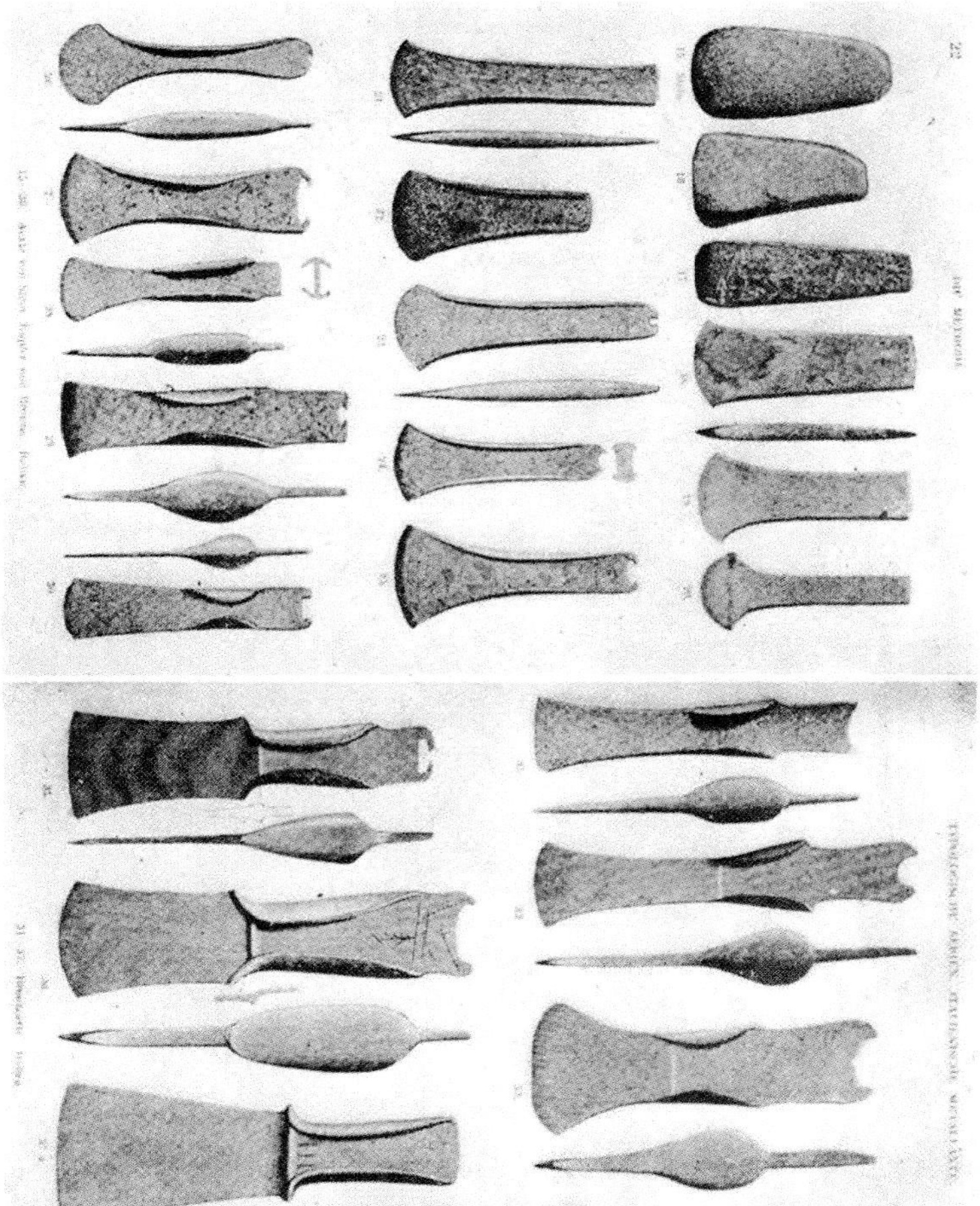

モンテリウス氏の伊太利銅斧

第五四版　紋様の型式學的配列

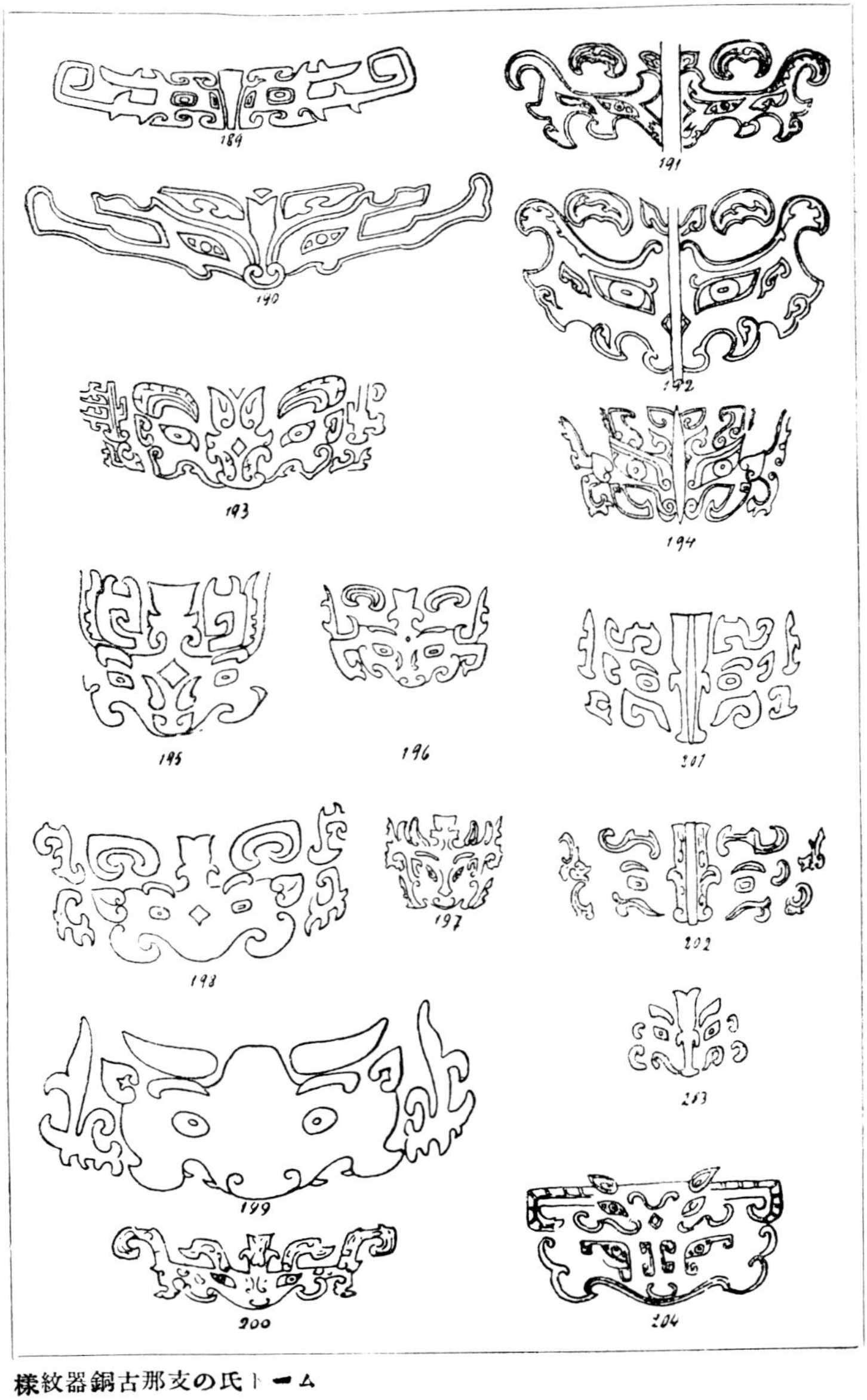

ムートー氏の支那古銅器紋様

第五五版　記銘ある遺物

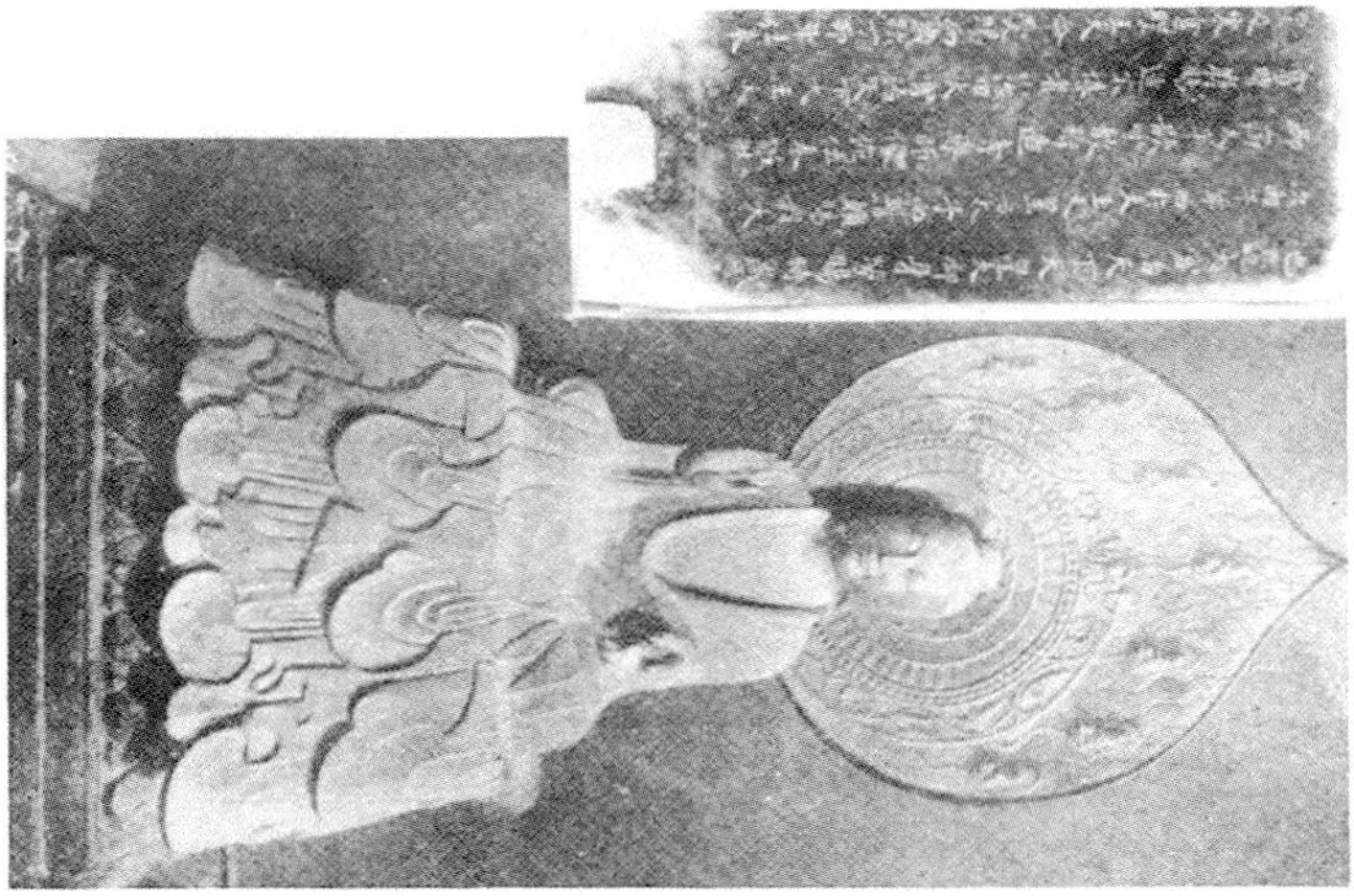

法隆寺金堂薬師像及光背銘

希臘デキシレオス墓碑

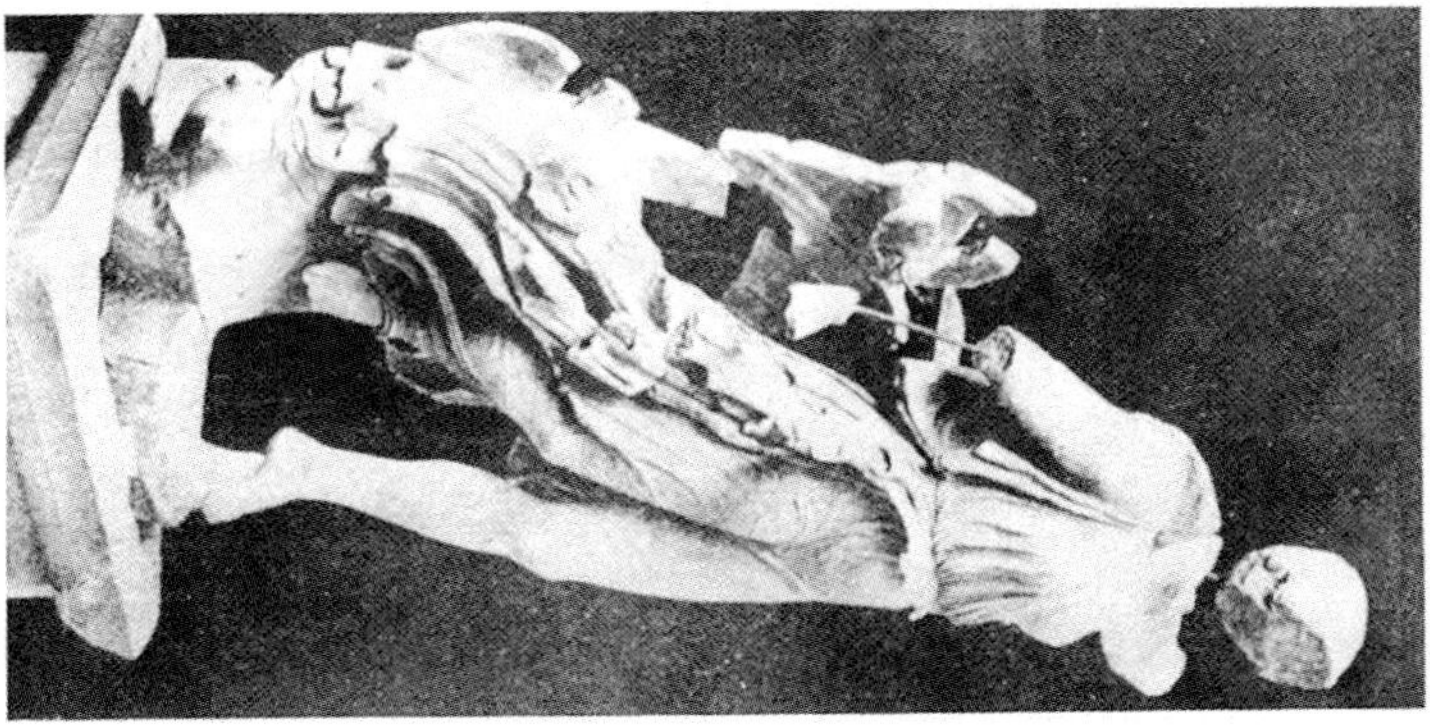
1

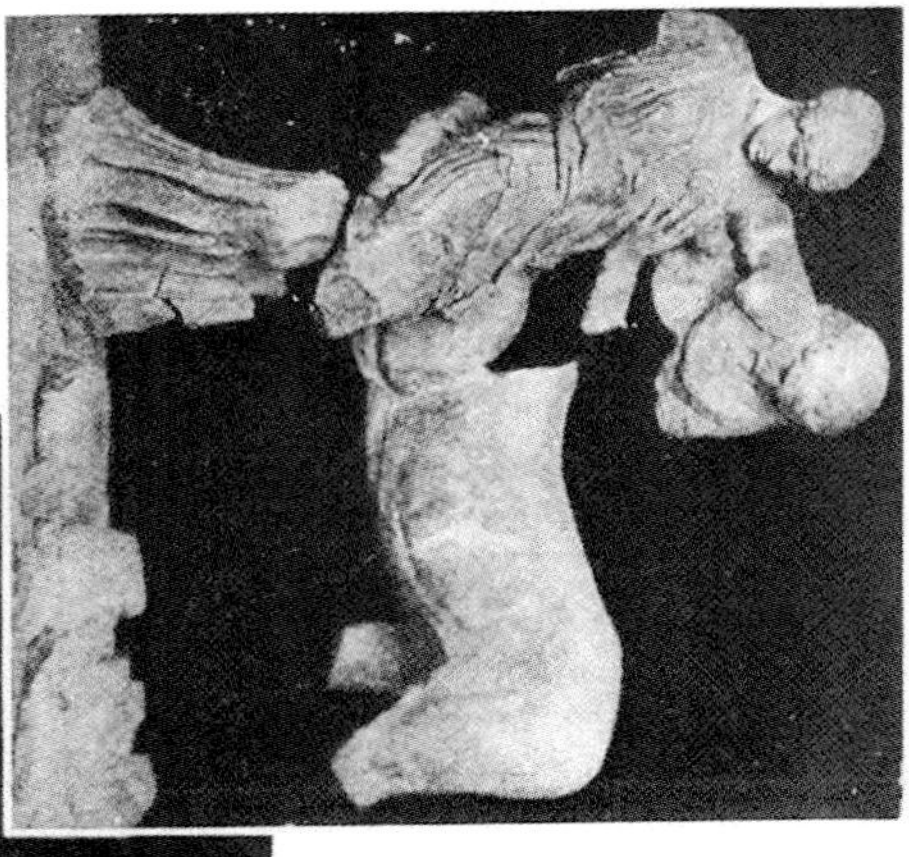
2

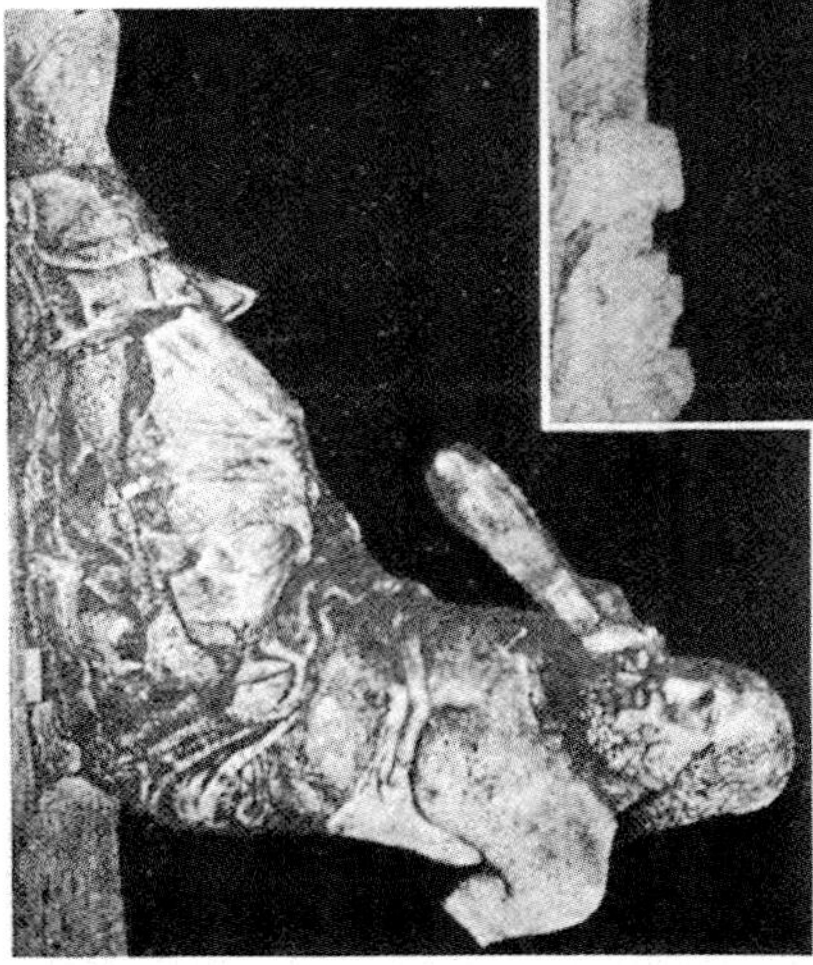
3

希臘オリムピヤ發見
（1）パイオニオス作ニケ像
（2）ゼウス祠東破風彫像一部
（3）同上西破風彫像一部

第五七版　遺物の保存

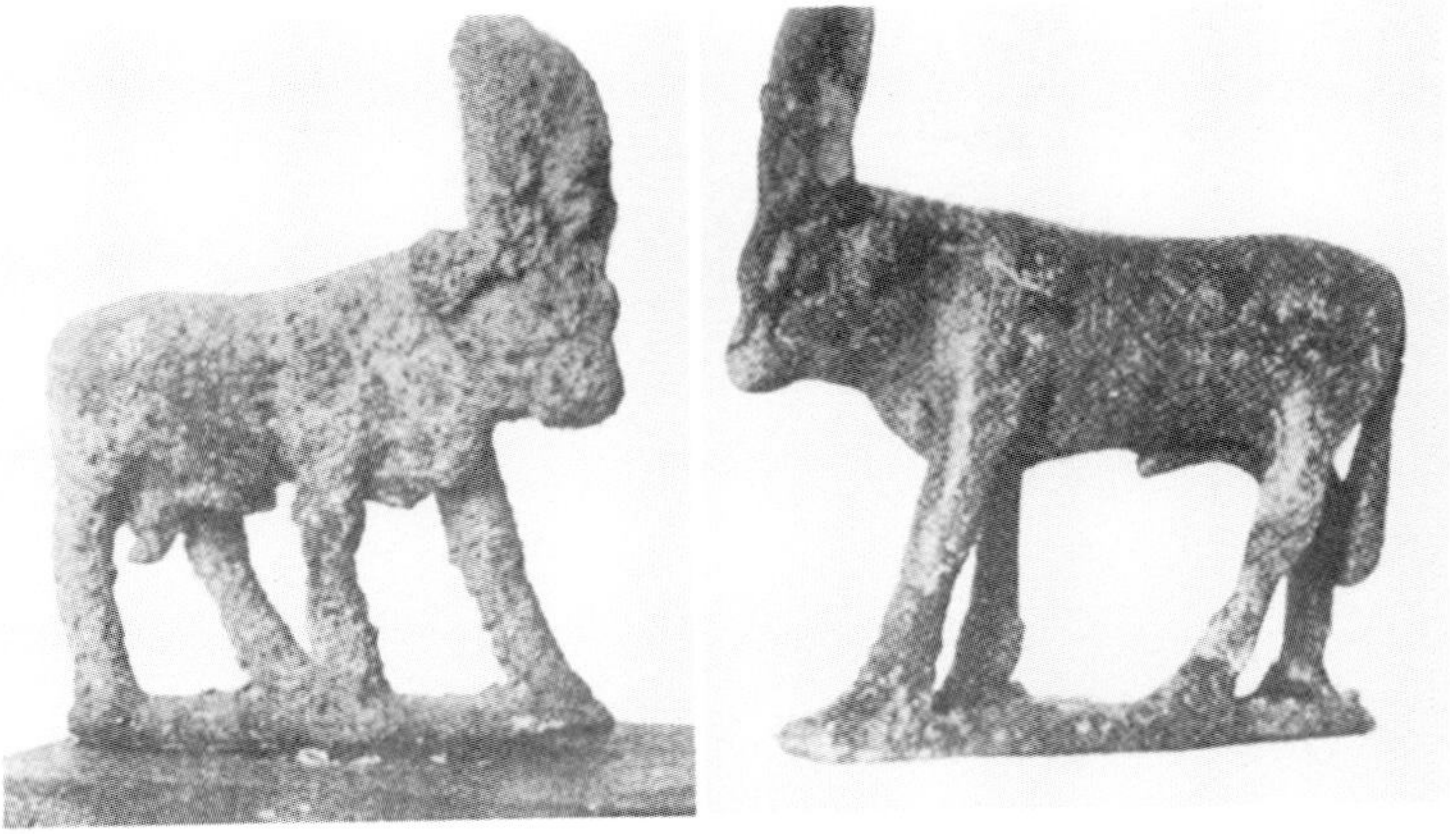

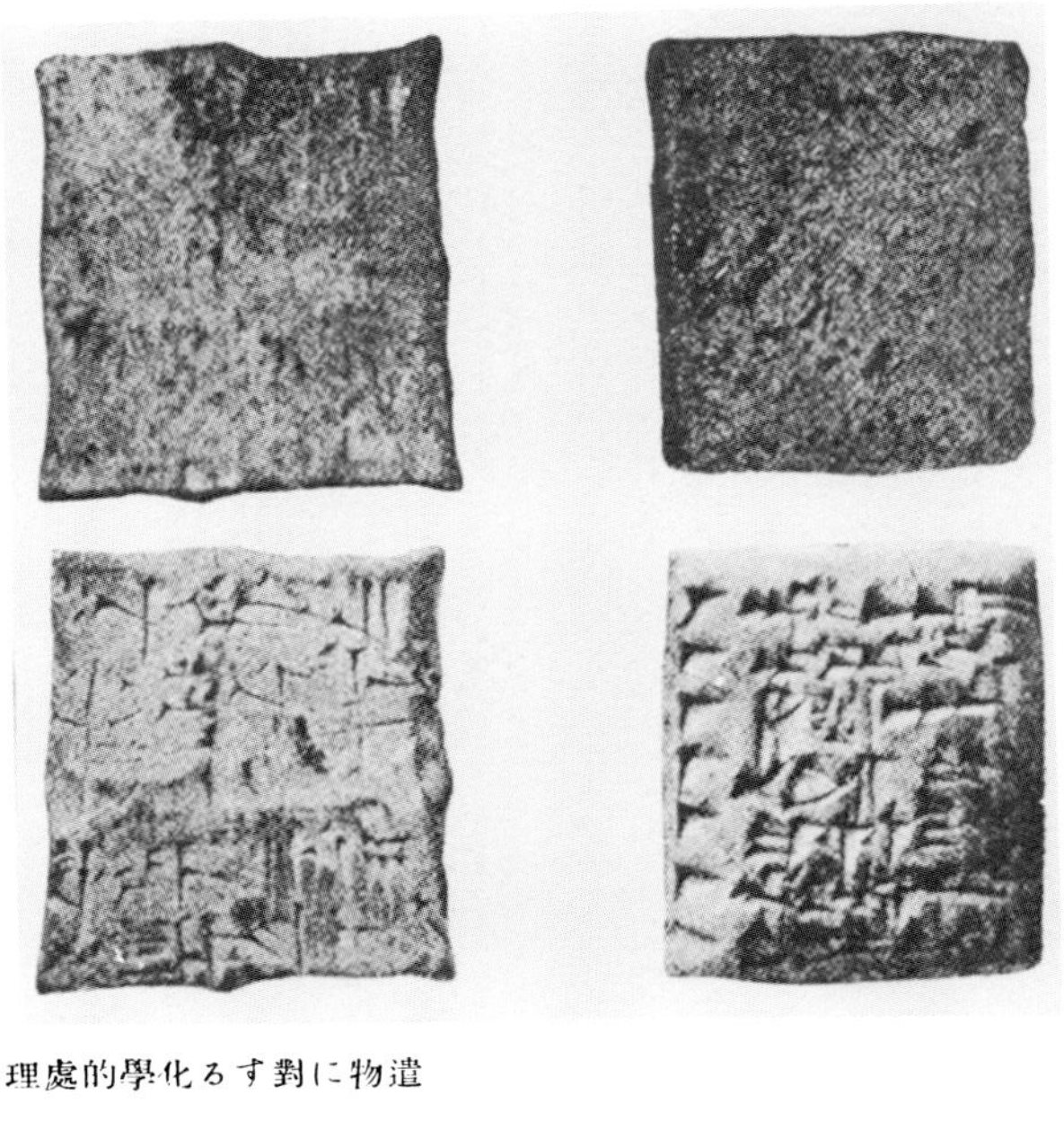

(上)埃及青銅製牛像(左方は處理以前右方は其以後)
(下)アッシリヤ泥章(各上方は處理以前下方は其以後)

遺物に對する化學的處理

第五八版　遺跡の修理

クリート島クノソス王座室

（上）修理以後　（下）修理以前

第五九版　遺跡の保存　一

佛國ピエルフオンの古城
(上)修理以前(下)修理以後

第六〇版　遺跡の保存　二

佛國サージエール寺院

（上）修理以前（下）修理以後

第六一版　遺跡の保存　四

豐後富貴寺本堂

(上)修理以前　(下)修理以後

第六二版　博物館の陳列　一

伯林博物館ペルガモン群像室

第六三版　博物館の陳列　二

倫敦大英博物館
希臘彫刻室一部

シチリヤ島パレルモ博物館
セリヌンテ彫刻室

第六四版　博物館の陳列　三

巴里ルーヴル博物館
ミロのヴイナス像

解　題

角田文衛

このたび浜田耕作（号は青陵）博士（一八八一～一九三八）の名著『通論考古學』が初版の体裁のまゝに覆刻されることゝなったのは（但し、製作費を抑えるため、本文中に挿入された図版は、まとめて巻末に付載した）、わが考古学界の慶事であって、博士の門下生だけの歓びではないのである。

同書は、学史的意義が重大であるためにのみ覆刻されるのではなく、今なお保ち続けている現役的な役割の故にも上梓されるのである。大正十一年に刊行された学術書が六十余年を経た今日なお現役的な役割を演じていると言うのは、洵に驚歎に値することである。特にこゝ二、三十年来、新発見や研究法の開発が相継ぐ考古学界において、同書が今なお研究者、専攻学生の必読の文献として命脈を保っているのは、学史上の奇蹟と称すべきことである。

本書が我が国において体系的に考古学全般を説いた最初の概論書として東京の大鐙閣から刊行されたのは、大正十一年七月のことであった。時に浜田耕作博士は、数えで四十二歳、京都帝国大学教授で、日本で唯一の考古学講座の担当者であった。

浜田博士（昭和12年10月撮影）

この不惑を越えたばかりの浜田博士がものされた本書が六十余年の星霜を経た現在、不死鳥のようになお生気を保っているのは、次ぎに述べる二つの理由によるものと思量される。

第一は、四十歳そこそこでありながら、博士の考古学上の視野が極めて広いことである。もともと博士は、日本考古学や日本の美術史の研究から発足されたが、卒業論文では、へレニズム文化の東漸の研究と言う風に次第に視野を拡めて行かれた。そして京都来住の後は、内藤湖南、狩野直喜、小川琢治、富岡謙蔵等の学風に薫染され、朝鮮、満洲、中国の考古学的研究にも志向された。そして大正二年から同五年に亘るヨーロッパ留学では、特にギリシア・ローマ考古学、エーゲ考古学、エトルスキ考古学、エジプト考古学等の研鑽に打ち込み、関係遺跡の見学、踏査にも励まれたのであった。当時のヨーロッパには、そして現在においてすらこれほど広い視野をもち、かつそれらを研究する能力をもつ考古学者は求められなかった。ヨーロッパ諸国では、今世紀の八十余年間に数十冊に上る考古学の入門書や概論書が刊行されているが、東洋の考古学をも射程に入れて書かれたものは、全く求められない。また日本の考古学者で欧米に留学した人もその後何人かはいたけれども、浜田博士のような態度でヨーロッパやオリエントの考古学を考究し、これを自己の考古学の体系の樹立に役立てようと意図した人は殆どいなかった。『通論考古學』は、東西の考古学に通暁した浜田博士のような学者によって叙述された点が特筆されるのであって、この種の考古学者は、今なお欧米には求められないのである。本書が欧米や日本に比類を求め難いほど広闊な視野に立って纒められている所以は、以上によってほゞ明らかであろう。

第二の理由は、本書が考古学の概要を簡単明瞭に述べていることである。つまり考古学を学ぶ者は、『これだけは知っておけ』と言う要綱が簡潔に叙述されているのである。最近では考古学専攻の大学院学生ですら、『石器時代』の概念を明確に知らぬ者が少なくない。細部については知識も豊富であり、発掘の仕方や遺物の実測も綿密である若い研究者が考古学の基本的な諸概念について曖昧な返答しか出来ないのは、学問の根本についてしっかりした教育を受けていないため、或いは微細な研究調査に逸り、基本の学習を怠っているためである。

その点、本書は考古学の必要最少限の基本的諸事項を記述しており、一人前の考古学者と雖も折に触れて味読すべき性格の古典なのである。

またそうした性格は、本書が考古学概論のテキストとして適切であることを指証している。詳細な概説書、例えば『考古学ゼミナール』（山川出版社発行）の如きは、有益な参考書ではあるけれども、テキストとしては不適当である。研究が細分化した今日、この種の詳しい概説書を全般に亘って説明しうる考古学の教授などはいないし、またそれは学生達に樹を見て山を見ないと言った弊害をもたらすのである。

本書には、新しい発見や最新の研究法も、また周到な解釈論も盛られてはいないけれども、考古学の基本が簡潔に述べられており、考古学概論のテキストとしては、こよない價値を帯びているのである。

浜田博士は、京都帝国大学において明治四十三年から昭和十二年六月まで『考古学概論』を講じられた（無論、留学期間を除く）。それだけに体系的な考古学の通論の考究は、博士の夢寐にも忘れえない課題となっていた。それは、日本におけるたゞ一人の考古学の教授として浜田博士が痛切に感じておられた責任でもあったのであろう。

一九一四年（大正三年）の三月三日、浜田博士は、駐伊全権大使の林權助男爵に伴われて、ローマはパラティーノ丘に所在する著名な考古学者・ボーニ（Giacomo Boni, 1859~1925）教授の邸宅を訪ねられた。教授は、日本の若い考古学者を心から歓待されたが、この時、教授は、『考古学は殊に如何なる方面を研究されるのか。』と訊ねた。この問いに対して浜田博士は、『特に研究法を』と答えられた。それを聴いて教授は、『それならば、この冊子を差し上げましょう。』と言って、自分が書いた論文『考古学的調査の方法』*Il Metodo nell'Espolazioni archeologiche*（in: *Bolletino d'Arte*, anno Ⅶ, no. 1〜2, Roma, 1913）の抜刷を浜田博士に贈られた。

右は、博士の『百済観音』（三五三―三五四頁）に記載されている逸話であるが、浜田博士の三箇年に及んだヨーロッパ留学の主目的が考古学方法論の研鑽にあったことは、右によっても察知されるのである。

浜田博士の留学期間には、第一次世界大戦が勃発したため、博士には自らドイツ、オーストリアに赴いてドイツ風の考古学を学ばれる機会がなかった。それにドイツの考古学の煩瑣とも言える学風を浜田博士は余り好まれなかった。しかし本書の『主要参考書解題』に掲げられている、ドイツのミハエリス教授の考古学史の英訳本 *A Century of archaeological Discoveries*（London, 1906）やスエーデンの碩学・モンテリウスの『考古学研究法』等は精読し、方法論の樹立に資されたのであった。

考古学の定義については、浜田博士は大いに苦慮されたが、遂に、

考古学は過去人類の物質的遺物に據り人類の過去を研究するの学なり。（*Archaeology is the science of the treatment of the material remains of the human past.*）

と言う定義を下された。但しこれは、博士がイギリスのホガース（David George Hogarth. 1862〜1927）が与えた定義（Hogarth. D.G.[ed.], *Authority and Archaeology: sacred and profane*, London, 1899, p.vii）をそのまゝ採用されたのであって、博士の独創にかゝるものではなかった。たゞ『通論考古學』が規定した考古学の概念が向後の日本の考古学界に及ぼした影響は甚大であった。

本書は、元来博士が大正七年から八年にかけて雑誌『史林』（第三巻第一号より第四巻第四号）に連載された『考古学研究の栞』を骨子としている。大正七、八年ないし本書が刊行された大正十一年から浜田博士の晩年までには十数年の歳月が流れている。その間に浜田博士の研究自体も大いに進捗したし、内外の考古学界の発展も顕著なるものがあった。

晩年の博士が本書の全面的改訂を意図されていたことは領けるのである。

昭和十一年の秋の頃かと記憶するが、一夜先生を野神町のお宅に訪ね、例の応接室兼書齋でお話していた時、筆者は博士に、『若干の増補改訂を加えて本書を再版されては如何ですか。校正その他の下働きはいくらでもさせていたゞきます。』と言った趣旨を申し上げた。これに対して博士は、『ちょっとした増補や改訂ではだめだ。全面的改訂が必要だが、今はその時間がない。自分が退官して余裕が出来たら、ぜひそれに取り組みたい。』と語られた。

博士の意外に早い逝去によって、意図されていた全面的改訂は、見果てぬ夢に終った。本書は、概論書としての卓越した價値の故に大正十五年五月に再版が、そして昭和四年三月には刀江書院から第六版が印行された。さらに昭和二十二年八月、京都の全國書房から新版が発行された。いずれも元版通りではあったが、新版の方は時節柄、粗悪な紙を用いた紙装幀の貧弱な書物であった。また昭和四十九年に出た『日本考古学選集』浜田耕作集（上）には、本書が縮刷して収められているが、縮寫のため図版や挿図は不鮮明である上に、本文は文字が小さ過ぎて大変読みにくい状態であった。

今般、初版によって覆刻するに際しては、原著の内容に一切手を加えなかった。こゝ数十年間の研究成果を踏まえて内容を増補したり、挿図、図版を差替えたりすることは、困難ではあっても可能であろう。しかし博士の門下生ならば誰一人としてしたり顔でこの愚挙を引受ける者はいないはずである。

『通論考古學』は、大正十一年七月と言う時点において完結し、結実した作品であって、著者以外の者がおこがましく手を加うべきものではないのである。

現代における考古学的研究の水準から本書を批判することは、可能でもあるし、自由でもある。けれども大正十一年に生まれ、今なお現役的役割を果たしている『通論考古學』は、前向きに、積極的に評價さるべき労作である。その缺陥を現在の眼でもってあれこれと詮索するのは、愚かしいことゝ言わねばなるまい。

さもあらばあれ、考古学的研究調査が『華麗なる停滞』を続け、方法論的思索が要望されている昨今、本書の覆刻・印行は、学界が大いに慶祝すべき美擧と言わねばならない。

文献

『考古学論叢』第八輯・浜田博士追悼号（京都、昭和十三年）。

京都帝国大学文学部考古学教室編『浜田先生追悼録』（京都、昭和十四年）。

『古代学』第十六巻第二・三・四合併号〔浜田耕作先生追憶『古代文化論攷』〕（京都、昭和四十四年）。

『日本考古学選集』13、14・浜田耕作集（有光教一編）二冊（東京、昭和四十九、五十年）。

藤岡謙二郎『浜田青陵とその時代』（東京、昭和五十四年）。

復刻◉1984・2◉1986・6◉1990・3

大正十一年七月十日印刷
大正十一年七月十五日發行

通論考古學
定價三圓五十錢

著者 濱田耕作
東京市京橋區桶町十五番地
發行者 株式會社大鐙閣
代表者 面家荘佶
東京市小石川區久堅町百八番地
印刷者 土谷清隆
東京市小石川區久堅町百八番地
印刷所 株式會社博文館印刷所

發行所 東京京橋桶町・大阪三休橋南
振替東京三三六一八・大阪二七一五五
大鐙閣

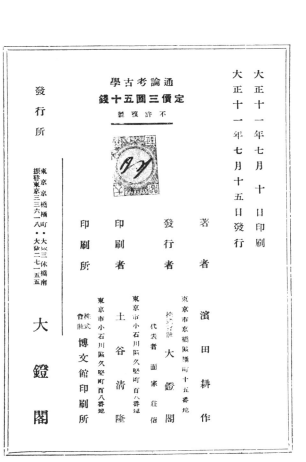

2004年11月25日　新装版発行
2015年 5 月11日　新装第二版発行　《検印省略》

通論考古學《つうろんこうこがく》　新装第二版

著　者　濱田耕作
発行者　宮田哲男
発行所　株式会社 雄山閣
〒102-0071　東京都千代田区富士見 2-6-9
TEL　03-3262-3231 / FAX　03-3262-6938
URL　http://www.yuzankaku.co.jp
e-mail　info@yuzankaku.co.jp
振　替：00130-5-1685
印刷・製本　株式会社ティーケー出版印刷

ISBN978-4-639-02339-5 C3020
N.D.C.207　368p　19cm